LA RÉVOLUTION DU BATCH COOKING

LAROUSSE

LA RÉVOLUTION DU BATCH COOKING

Préparez le **WEEK-END**
Assemblez la **SEMAINE**

Anne Loiseau

PHOTOGRAPHIES DE
Delphine Amar-Constantini

LAROUSSE

SOMMAIRE

INTRODUCTION AU BATCH COOKING

QU'EST-CE QUE LE BATCH COOKING ?

LE BATCH COOKING, C'EST S'ORGANISER POUR PRÉPARER EN UNE FOIS DANS LA SEMAINE DES BASES RAPIDES À CUISINER ET LES COMBINER ENSUITE AU QUOTIDIEN. VOICI MA MÉTHODE POUR UNE SEMAINE SAINE ET SEREINE !

ORGANISATION

S'organiser est la clé pour simplifier notre quotidien.
Sans chercher à tout contrôler, on aspire néanmoins à gagner un peu de temps et de sérénité.
Les journées bien remplies qui se terminent par la question angoissante « qu'est-ce qu'on mange ce soir ? », tout le monde connaît !
Pour en finir avec cette spirale qui conduit inévitablement à réaliser des plats fades ou à les acheter tout préparés en supermarché, nous vous proposons une méthode et des astuces grâce auxquelles vous retrouverez le plaisir de cuisiner. Prenez le temps de partager un repas sain et délicieux en famille avec des recettes, faciles, originales et gourmandes. Testé et approuvé, voici le secret pour en finir avec la malbouffe et la déprime du tablier !

AMANDES ÉPICÉES
FAIT LE :
10 / 02 / XVII
Riz
Fait
mardi / 10

PREMIÈRE PARTIE :
BATCH COOKING, LES PRÉPARATIONS DE BASE

C'EST DÉCIDÉ, ON S'ORGANISE !

JE CHOISIS LE MOMENT DANS LA SEMAINE OÙ J'AI PLUS DE TEMPS. SI POSSIBLE LE JOUR DES COURSES OU LE LENDEMAIN, POUR AVOIR DES PRODUITS TOUT FRAIS À CUISINER. CE SERA DÉSORMAIS LE JOUR DE MA CESSION BATCH COOKING. PRIÈRE DE NE PAS DÉRANGER ! JE CONSACRE EN MOYENNE UNE HEURE À MES PRÉPARATIONS ET JE NE LE REGRETTE PAS DANS LA SEMAINE ! PERSONNELLEMENT, J'AFFECTIONNE LE DIMANCHE EN FIN D'APRÈS-MIDI OU LE SOIR APRÈS LE DÎNER... CELA M'ÉVITE DE TOURNER EN ROND ET PERMET DE LUTTER À MERVEILLE CONTRE LA DÉPRIME DE FIN DE WEEK END !

C'EST TRÈS MOTIVANT DE PENSER QUE CES PRÉPARATIONS SIMPLES VONT VOUS PERMETTRE DE PARTAGER EN FAMILLE DANS LA SEMAINE, UN RIZ À LA BALINAISE OU UNE PETITE BLANQUETTE DE VEAU CRÉMEUSE !

LES GOURMANDS VONT ADORER LE BATCH COOKING !

QUELS INGRÉDIENTS ? QUELLE PRÉPARATION ? QUELLE DURÉE DE CONSERVATION ? ON VOUS EXPLIQUE TOUT !

LA MÉTHODE QUI VOUS CONVIENT

POUR DÉBUTER, LA PREMIÈRE SEMAINE JE VOUS CONSEILLE DE VOUS CONCENTRER SUR LES BASES COMME LES LÉGUMINEUSES, LE RIZ, LES PÂTES ET LES CÉRÉALES PUIS AU FUR ET À MESURE, D'INTÉGRER DE NOUVELLES PRÉPARATIONS, JUSQU'À APPLIQUER LA MÉTHODE COMPLÈTEMENT.

PRÉPAREZ UNE LISTE DES MENUS DE LA SEMAINE AVANT DE FAIRE LES COURSES EN VOUS INSPIRANT DE NOS RECETTES, OU SUIVEZ SIMPLEMENT VOS ENVIES... C'EST VOUS QUI VOYEZ ! (VOIR NOS MODÈLES DE MENUS À IMPRIMER P.150) MON ASTUCE : LE JOUR « BATCH COOKING » EST INSCRIT DANS L'AGENDA FAMILIAL. C'EST PLUS PRATIQUE POUR FAIRE LES COURSES, AINSI S'IL Y A DES COMMANDES SPÉCIALES, DES INVITÉS OU DES ABSENTS, J'ADAPTE MES MENUS... PAS DE GÂCHIS ET UNE FAMILLE HEUREUSE !

DEUXIÈME PARTIE :
LES REPAS

MES MENUS SONT PRÊTS, LE RÉFRIGÉRATEUR EST REMPLI ET CHAQUE SOIR JE PEUX PRÉPARER SUPER RAPIDEMENT UN BON REPAS.

ET AVEC MES PRÉPARATIONS BATCH COOKING, JE RÉALISE QUELS PLATS ?

VOICI NOS RECETTES ET NOS IDÉES POUR VOUS INSPIRER, VOUS AIDER À FAIRE VOTRE LISTE DE COURSES ET DE PRÉPARATIONS DE BASE À PRÉVOIR.

AVEC LE BATCH COOKING, C'EST FACILE DE CHANGER L'ORDRE DES MENUS ET DE S'ADAPTER !

Certains soirs, boostée par cette facilité, je me surprends même à cuisiner une petite sauce en plus ou à faire une jolie présentation !

Mais si la journée a été trèèès longue et que je manque vraiment de temps, il y a quand même quelque chose de prêt et je n'ai plus qu'à piocher dans mes préparations batch cooking !

Le batch cooking, c'est une question d'habitude, et cela va rapidement modifier votre façon de cuisiner : doubler les proportions des plats, profiter du four encore chaud pour y faire confire des tomates...

SUR LES PAGES RECETTES, VOUS TROUVEREZ UN ENCADRÉ POUR NOTER VOS VARIANTES ET VOS IDÉES. PLACE À LA CRÉATIVITÉ !

FAITES LE PLEIN D'ASTUCES QUI SIMPLIFIENT LA CUISINE ET DONNENT ENVIE DE SE METTRE AUX FOURNEAUX !

CONSEILS PRATIQUES

PENSEZ À ÉTIQUETER VOS PRÉPARATIONS BATCH COOKING POUR VOUS Y RETROUVER !

(VOIR NOS ÉTIQUETTES P. 151)

Le secret pour ne pas s'éterniser en cuisine c'est de maximiser son temps. Commencez par lancer les cuissons qui demandent peu de préparation.

Profitez de ce moment pour laver, éplucher, découper puis démarrer de nouvelles cuissons.

Normalement vous devriez avoir au moins deux plaques utilisées et un ou deux plats dans le four simultanément.

Pas de panique, nul besoin d'être un pro pour gérer. Utilisez un minuteur, celui de votre téléphone, celui du four… et restez concentré ! Surveiller une casserole ou deux, ne demande finalement pas plus d'attention.

Rappelez-vous, vous ne cuisinez pas un repas entier mais des préparations de base assez simples.

Laissez les aliments cuits refroidir deux heures à température ambiante dans un contenant fermé avant de les placer dans le réfrigérateur. Ce dernier doit être réglé à une température de 4 °C maximum, et la porte ne doit jamais rester ouverte trop longtemps.

Veillez également à ne pas surcharger les étages pour laisser le froid circuler. Rangez les aliments sur les rayonnages adaptés : la viande dans la partie la plus froide du réfrigérateur, les légumes dans la partie la moins froide.

RESPECT !

CHAÎNE DU FROID ET DURÉE DE CONSERVATION

Dans l'ensemble, la plupart des aliments peuvent se conserver 3 ou 4 jours avec quelques variations précisées dans les pages qui suivent. Si vous avez le moindre doute sur un aliment, ne le mangez pas !

Mangez les ingrédients qui se conservent le moins bien dans les premiers jours. Placez au congélateur ceux que vous consommerez en fin de semaine ou si un changement de programme se présente.

Vérifiez que votre congélateur descend à une température de – 18 °C si vous souhaitez congeler des aliments. Ne les y laissez pas plus de deux mois : au-delà, ils seraient moins savoureux.

L'HYGIÈNE

AVANT TOUT !

UNE HYGIÈNE IMPECCABLE COMME DANS UNE CUISINE DE RESTAURANT.

Lavez-vous les mains, et nettoyez le plan de travail, les planches à découper et les ustensiles entre chaque préparation.

L'hygiène du réfrigérateur est essentielle : un grand nettoyage s'impose une fois par mois minimum ; une fois par semaine, passez un petit coup de chiffon imbibé de vinaigre blanc, efficace pour éliminer les bactéries déposées par les mains, les emballages…

C'EST DANS LA BOITE

CONTENANTS HERMÉTIQUES, BOÎTES DE CONSERVATION, BOÎTES ALIMENTAIRES...

Pour commencer, inutile de revoir votre équipement : un saladier couvert de film alimentaire peut faire l'affaire ainsi que des bocaux recyclés munis de couvercles.

Par la suite, vous pourrez acquérir des contenants spécifiques, mais veillez à la qualité des matières premières. Privilégiez l'Inox ou le verre, surtout pour les aliments cuisinés avec des matières grasses. Évitez si possible le plastique, vérifiez sa composition et préférez-le sans produits toxiques. Il existe également de nouvelles matières telle la fibre de bambou souvent très esthétique.

Le choix ne manque pas !

L'ÉTIQUETTE

Veillez à bien étiqueter vos contenants pour vous y retrouver.

Inscrivez la nature du contenu, la date de préparation, la durée de conservation et pourquoi pas le plat auquel il est destiné. (Voir nos étiquettes p. 151)

Vous pouvez utiliser des feutres de couleur pour distinguer les aliments à consommer rapidement de ceux qui se conservent plus longtemps. Vous pouvez également écrire des petits mots d'encouragement à retrouver tout au long de la semaine : « miam », « bravo »...

LES PRÉPARATIONS DE BASE

350 g de blé précuit - sel

BLÉ

POUR 4 PERSONNES
PRÉPARATION : 1 MIN
CUISSON : 12 MIN
CONSERVATION : 3 À 4 JOURS AU RÉFRIGÉRATEUR

Portez une grande casserole d'eau salée à ébullition et jetez-y le blé.

Faites-le cuire 10 à 12 min, pour un grain *al dente*.

Placez le blé refroidi dans un plat de conservation, fermez-le et réservez au réfrigérateur.

Les légumineuses, le riz, les pâtes et les céréales

RIZ

250 g de riz - 50 cl d'eau - sel

POUR 4 PERSONNES
PRÉPARATION : 5 MIN
CUISSON : 15 MIN
REPOS : 5 MIN
CONSERVATION : 2 À 3 JOURS AU RÉFRIGÉRATEUR

Rincez longuement le riz jusqu'à ce que l'eau soit claire. Égouttez-le et placez-le dans une grande casserole avec l'eau. Salez.

Faites chauffer à feu vif. Dès que l'eau bout, ramenez sur feu moyen et couvrez. Laissez cuire 12 min.

Pour finir, laissez les grains de riz gonfler hors du feu pendant 5 min puis égrainez-le délicatement avec une fourchette.

Réservez-le au réfrigérateur, dans un plat de conservation.

SEMOULE

POUR 4 PERSONNES
PRÉPARATION : 5 MIN
REPOS : 10 MIN
CONSERVATION : 3 À 4 JOURS AU RÉFRIGÉRATEUR

350 g de semoule - 1 l d'eau - 1 cuill. à café de sel - 1 cuill. à soupe d'huile d'olive

Portez 1 litre d'eau à ébullition dans une bouilloire ou une casserole.

Pendant ce temps, versez la semoule, l'huile et le sel dans un plat creux muni d'un couvercle. Remuez bien. Couvrez d'eau bouillante à hauteur, refermez le couvercle et laissez la semoule gonfler pendant 10 min.

Égrainez-la avec une fourchette, puis placez le plat refermé au réfrigérateur une fois la semoule refroidie.

QUINOA

POUR 4 PERSONNES
PRÉPARATION : 1 MIN
CUISSON : 12 MIN
REPOS : 5 MIN
CONSERVATION : 3 À 4 JOURS AU RÉFRIGÉRATEUR

200 g de quinoa - 45 cl d'eau -sel

Rincez le quinoa pendant 1 min sous l'eau.

Égouttez-le et placez-le dans une grande casserole d'eau. Salez. Laissez cuire le quinoa à moyenne ébullition pendant 12 min. Pour finir, laissez-le gonfler hors du feu pendant 5 min.

Égouttez-le et égrainez-le avec une fourchette. Réservez-le au réfrigérateur, dans un plat de conservation.

C'est très simple... mais ce sera déjà fait !

250 g de polenta précuite - 125 cl d'eau - 2 cuill. à soupe d'huile d'olive + 1 pour le plat 1 cuill. à soupe de thym effeuillé sel et poivre

POLENTA PRÊTE À COUPER

POUR 4 PERSONNES
PRÉPARATION 10 MIN
CUISSON 5 MIN
CONSERVATION 3 JOURS AU RÉFRIGÉRATEUR

Dans une casserole, portez l'eau à ébullition. Versez-y la polenta en pluie et mélangez vivement avec une cuillère en bois.

Salez, poivrez. Ajoutez l'huile d'olive et le thym. Laissez cuire à feu moyen en remuant bien pendant 3 min, ou jusqu'à ce que la polenta se détache des bords. Versez-la aussitôt dans un plat à cake huilé.

Laissez le cake de polenta refroidir, puis démoulez-le. Filmez-le et réservez-le au réfrigérateur.

JOLIES PÂTES POUR SALADE OU GRATIN

POUR 4 PERSONNES
PRÉPARATION : 1 MIN
CUISSON : 10 À 12 MIN SELON LES PÂTES
CONSERVATION : 3 À 4 JOURS

300 g de grosses pâtes type spirales - 2 cuill. à soupe d'huile d'olive - sel

Portez une grande casserole d'eau salée à ébullition.

Jetez-y les pâtes, remuez et laissez-les cuire le temps indiqué sur l'emballage, pour qu'elles soient *al dente*.

Égouttez-les, rincez-les sous un filet d'eau froide puis versez-les dans un plat de conservation en les mélangeant avec l'huile d'olive.

Fermez le plat et réservez au réfrigérateur.

DAHL DE LENTILLES CORAIL

1 oignon - 200 g de lentilles corail - 1 litre d'eau - 1 feuille de laurier - sel

POUR 4 PERSONNES
PRÉPARATION : 5 MIN
CUISSON : 10 MIN
CONSERVATION : 3 À 4 JOURS AU RÉFRIGÉRATEUR

Épluchez l'oignon et coupez-le en huit quartiers dans la hauteur.

Rincez les lentilles et jetez-les dans une grande casserole.

Recouvrez-les avec 1 litre d'eau froide. Ajoutez l'oignon et le laurier et portez à ébullition.

Dès les premiers bouillons, baissez le feu et laissez mijoter pendant 10 min à feu doux.

Salez en fin de cuisson. Égouttez les lentilles et réservez-les au réfrigérateur, dans un plat de conservation fermé.

250 g de lentilles vertes - 1 feuille de laurier - sel

LENTILLES VERTES MIJOTÉES

POUR 4 PERSONNES
PRÉPARATION : 2 MIN
CUISSON : 25 MIN
CONSERVATION :
3 À 4 JOURS
AU RÉFRIGÉRATEUR

Rincez les lentilles.

Jetez-les dans une grande casserole. Recouvrez-les avec quatre fois leur volume d'eau froide. Ajoutez le laurier.

Portez à ébullition, puis laissez mijoter pendant 25 min, jusqu'à ce que les lentilles soient cuites mais encore fermes.

Salez en fin de cuisson. Égouttez les lentilles et réservez-les au réfrigérateur, dans un plat de conservation fermé.

Les légumes

SALADE EN SACHET MAISON

POUR 4 PERSONNES
PRÉPARATION : 10 MIN
CONSERVATION : 3 À 4 JOURS AU RÉFRIGÉRATEUR

Effeuillez la salade puis lavez-la et essorez-la longuement.

Placez les feuilles dans des sachets congélation avec une feuille d'essuie-tout, qui absorbera l'humidité. Refermez bien les sachets en les gonflant d'air.

Placez-les dans la partie la moins froide du réfrigérateur.

CONCOMBRE

POUR 4 PERSONNES
PRÉPARATION : 10 MIN
CONSERVATION 3 JOURS AU RÉFRIGÉRATEUR

Lavez le concombre et épluchez-le.

Coupez-le en deux. Retirez les graines à l'aide d'une cuillère. Coupez-le en trois ou quatre tronçons, puis en bâtonnets.

Rangez-les « debout » dans un bocal, fermez-le et réservez au réfrigérateur.

RONDELLES DE COURGETTES GRILLÉES

POUR 4 PERSONNES
PRÉPARATION : 10 MIN - CUISSON : 15 À 20 MIN
CONSERVATION : 3 À 4 JOURS AU RÉFRIGÉRATEUR

Préchauffez le four à 180 °C.

Lavez les courgettes, retirez les extrémités, puis coupez-les en rondelles de 3 mm d'épaisseur. Étalez-les sur la plaque du four recouverte de papier cuisson, arrosez d'huile d'olive et enfournez pour 15 à 20 min.

Placez les courgettes refroidies dans un plat de conservation, fermez-le. Réservez au réfrigérateur.

FLEURETTES DE CHOU-FLEUR RÔTIES

POUR 4 PERSONNES
PRÉPARATION : 10 MIN
CUISSON : 20 À 25 MIN
CONSERVATION : 3 À 4 JOURS AU RÉFRIGÉRATEUR

1 chou-fleur - 2 cuill. à soupe d'huile d'olive - sel

Préchauffez le four à 200 °C.

Lavez le chou-fleur et coupez les fleurettes.

Étalez-les sur la plaque du four recouverte de papier cuisson, arrosez d'huile d'olive, salez et enfournez pour 20-25 min.

Vérifiez la cuisson avec la pointe d'un couteau : le chou-fleur doit être tendre et commencer à dorer.

Placez le chou-fleur refroidi dans un plat de conservation, fermez-le. Réservez au réfrigérateur.

FLEURETTES DE BROCOLIS

POUR 4 PERSONNES
PRÉPARATION : 10 MIN
CUISSON : 5 MIN
CONSERVATION : 3 À 4 JOURS AU RÉFRIGÉRATEUR

1 ou 2 bouquets de brocolis - sel

Lavez les brocolis. Coupez les fleurettes et le haut des tiges en tranches de 1 cm d'épaisseur.

Portez une casserole d'eau salée à ébullition. Faites-y cuire les brocolis pendant 5 min.

Égouttez-les et passez-les sous un filet d'eau froide pour arrêter la cuisson.

Placez les brocolis refroidis dans un plat de conservation, fermez-le et réservez au réfrigérateur.

Les légumes

3 poivrons multicolores

POIVRONS MARINÉS

PRÉPARATION : 10 MIN - CUISSON : 15 MIN
CONSERVATION : 5 JOURS AU RÉFRIGÉRATEUR

Lavez 3 poivrons et placez-les dans un plat en métal.

Enfournez 15 à 20 min sous le grill, en les retournant régulièrement pour noircir toutes les faces.

Laissez les poivrons tiédir puis retirez la peau, les graines et les cloisons blanches.

Coupez-les en morceaux ou en lanières et rangez-les dans un grand bocal.

3 aubergines - 4 cuill. à soupe d'huile d'olive - sel

TRANCHES D'AUBERGINE GRILLÉES

PRÉPARATION : 5 MIN
CUISSON : 30 MIN
CONSERVATION : 4 JOURS AU RÉFRIGÉRATEUR

Préchauffez le four à 180° C.

Lavez les aubergines, retirez les extrémités puis coupez-les en tranches d'1 cm.

Étalez-les sur la plaque du four recouverte de papier cuisson puis arrosez d'un filet d'huile d'olive et salez.

Enfournez pour 30 min. En fin de cuisson, retournez les tranches qui sont déjà assez grillées.

Rangez les aubergines encore chaudes dans un plat de conservation supportant la chaleur et fermez.

Placez au réfrigérateur une fois refroidies.

FONDUE DE POIREAUX

POUR 4 PERS.
PRÉPARATION : 5 MIN
CUISSON : 10 MIN
CONSERVATION : 3 À 4 JOURS AU RÉFRIGÉRATEUR

3 poireaux - 2 cuill. à soupe d'huile d'olive

Retirez la partie verte des poireaux puis fendez-les en deux.

Rincez-les sous l'eau courante tête en bas en insistant entre les feuilles.

Coupez les blancs de poireaux en rondelles d'1 cm.

Faites-les sauter dans une poêle avec l'huile d'olive à feu vif en remuant pendant 2 min puis couvrez et poursuivez la cuisson 10 min à feu moyen en remuant de temps en temps. Ajoutez un peu d'eau en cours de cuisson s'ils attachent.

Placez les poireaux refroidis dans un plat de conservation, fermez et réservez au réfrigérateur.

POTIMARRON RÔTI AU FOUR

PRÉPARATION : 15 MIN - CUISSON : 20 MIN
CONSERVATION : 3 À 4 JOURS AU RÉFRIGÉRATEUR

1 potimarron - 2 cuill. à soupe d'huile d'olive

Préchauffez le four à 180°C.
Lavez un potimarron puis coupez-le en quartiers.

Retirez l'intérieur et les pépins avec une cuillère à soupe.

Épluchez la peau avec un petit couteau si vous le souhaitez mais, grillée, elle est délicieuse.

Coupez la chair en cubes de 2 cm et étalez les morceaux sur la plaque du four recouverte de papier cuisson. Arrosez d'huile d'olive, salez et enfournez pour 20 min.

Placez les cubes de potimarron refroidis dans un plat de conservation, fermez. Réservez au réfrigérateur.

POÊLÉE DE CHAMPIGNONS

POUR 4 PERSONNES
PRÉPARATION : 10 MIN
CUISSON : 20 MIN
CONSERVATION : 3 À 4 JOURS AU RÉFRIGÉRATEUR

1 kg de champignons de Paris - 2 cuill. à soupe d'huile d'olive - sel et poivre

Lavez rapidement les champignons. Séchez-les et coupez le bout sableux.

Émincez-les, puis faites-les revenir dans une poêle à feu moyen, avec l'huile d'olive.

Lorsque l'eau de végétation commence à s'évaporer, augmentez le feu et laissez-les dorer 2 à 3 min, en ajoutant 1 cuill. à soupe d'huile d'olive si nécessaire. Salez et poivrez.

Placez-les dans un plat de conservation, fermez. Réservez au réfrigérateur.

Vous pouvez également ajouter de l'ail haché, du persil… et, évidemment, de la crème. Dans ce cas, vous ne les conserverez pas plus de 1 ou 2 jours.

CUBES FONDANTS DE PATATES DOUCES

PRÉPARATION : 10 MIN - CUISSON : 12 MIN
CONSERVATION : 4 JOURS AU RÉFRIGÉRATEUR

2 grosses patates douces - sel

Lavez et épluchez les patates douces.

Coupez-les en gros cubes de 3 cm.

Plongez-les dans une casserole d'eau bouillante salée. Laissez-les cuire 12 min ou jusqu'à ce que les cubes soient fondants.

Placez les cubes dans un plat de conservation, fermez. Réservez au réfrigérateur.

FRITES DE CAROTTES (ET CAROTTES À CROQUER)

PRÉPARATION : 10 MIN
CUISSON : 30 MIN
CONSERVATION : 3 À 4 JOURS AU RÉFRIGÉRATEUR

1,3 kg de carottes – 2 cuill. à soupe d'huile d'olive
1 cuill. à café de sucre – ½ cuill. à café de sel

Préchauffez le four à 200 °C.

Lavez et épluchez les carottes, puis coupez-les en bâtonnets comme des frites.

Réservez-en une poignée dans un bocal haut pour un apéritif prêt à croquer.

Dans un grand plat, arrosez les carottes d'huile, ajoutez le sucre et le sel. Remuez bien.

Étalez les frites sur la plaque du four recouverte de papier cuisson et enfournez pour 30 min, en remuant plusieurs fois pendant la cuisson.

Placez les carottes refroidies dans un plat de conservation, fermez-le. Réservez au réfrigérateur.

AUX PETITS OIGNONS

POUR 4 PERSONNES
PRÉPARATION : 10 MIN
CUISSON : 16 MIN
CONSERVATION : 3 À 4 JOURS AU RÉFRIGÉRATEUR

2 oignons jaunes ou rouges ou 5 oignons nouveaux – 1 cuill. à soupe d'huile d'olive – sel

Épluchez les oignons jaunes ou rouges. Coupez-les en deux, puis en demi-rondelles de 5 mm d'épaisseur.

Placez-les dans une poêle avec l'huile d'olive, salez-les. Faites-les revenir d'abord à feu vif pendant 1 min, pour les faire « tomber », puis à feu doux durant environ 15 min, jusqu'à ce qu'ils deviennent translucides sans colorer. Ajoutez un tout petit peu d'eau en cours de cuisson s'ils attachent.

Pour les oignons nouveaux, retirez simplement la première peau et le haut des tiges vertes, puis coupez-les en deux dans la hauteur. Faites-les revenir dans une poêle avec l'huile d'olive pour leur donner une légère coloration. Ajoutez 10 cl d'eau, salez et poursuivez la cuisson à feu moyen pendant une dizaine de minutes, jusqu'à ce qu'ils soient tendres.

Placez les oignons refroidis dans un plat de conservation, fermez-le. Réservez au réfrigérateur.

BŒUF HACHÉ MIJOTÉ

POUR 4 PERSONNES
PRÉPARATION : 15 MIN
CUISSON : 15 MIN
CONSERVATION : 3 JOURS AU RÉFRIGÉRATEUR

Épluchez la carotte et l'oignon. Coupez-les en dés.

Faites-les rissoler pendant quelques minutes dans une poêle à feu vif, avec l'huile d'olive.

Ajoutez la viande et la gousse d'ail écrasée. Poursuivez la cuisson 5 à 10 min, sans cesser de remuer, pour que la viande se détache et dore uniformément. Salez et poivrez.

Lorsque la préparation est froide, transvasez-la dans un plat de conservation, fermez-le et réservez au réfrigérateur.

800 g de bœuf haché non pressé - 1 carotte - 1 oignon - 1 gousse d'ail - 2 cuill. à soupe d'huile d'olive - sel

En fonction de l'utilisation de cette préparation, vous pourrez poursuivre la cuisson une quinzaine de minutes et laissez la viande mijoter doucement avec 30 cl de coulis de tomates, pour une sauce, ou 20 cl de vin blanc ou d'eau, pour un hachis Parmentier, un gratin…

4 œufs - 2 cuill. à café de sel

ŒUFS DURS

POUR 4 PERSONNES - PRÉPARATION : 1 MIN - CUISSON : 10 MIN - CONSERVATION : 5 JOURS AU RÉFRIGÉRATEUR

Portez une casserole d'eau salée à ébullition. Plongez-y les œufs délicatement, avec une cuillère à soupe, et faites-les cuire à feu moyen pendant 10 min.

Passez-les sous l'eau froide pendant 2 min pour pouvoir les écaler facilement par la suite.

Une fois refroidis, placez les œufs (avec leur coquille) au réfrigérateur.

La viande et les œufs

VEAU MOELLEUX EN COCOTTE

POUR 4 PERSONNES
PRÉPARATION : 15 MIN
CUISSON : 15 MIN
CONSERVATION : 3 JOURS
AU RÉFRIGÉRATEUR

800 g d'épaule de veau coupée en cubes pour 1 repas, ou 1,5 kg pour 2 repas - 1 oignon - 2 cuill. à soupe d'huile d'olive - 20 cl d'eau - 20 cl de vin blanc - 1 feuille de laurier - sel et poivre

Épluchez l'oignon et émincez-le finement.

Faites dorer la viande pendant 10 min dans une cocotte, avec l'huile d'olive. Ajoutez l'oignon juste le temps de le laisser colorer.

Versez alors l'eau, le vin blanc et le laurier. Salez et poivrez. Couvrez et laissez cuire à feu doux, sans surveillance, pendant 1 h 30.

Vous pouvez également réaliser cette cuisson au four préchauffé à 180 °C.

Une fois la viande refroidie, placez-la au frais dans un plat de conservation.

Récupérez le jus de viande réduit avec les aromates afin de confectionner une sauce rapide, pour des pâtes par exemple.

Pour le repas du jour, en milieu de cuisson, glissez 1 kg de petites pommes de terre épluchées dans la cocotte.

CUISSES DE POULET RÔTIES

POUR 4 PERSONNES
PRÉPARATION : 10 MIN - CUISSON : 45 MIN
CONSERVATION : 3 JOURS AU RÉFRIGÉRATEUR

4 cuisses de poulet - 2 cuill. à soupe d'huile d'olive - 2 cuill. à café de fleur de sel
1 feuille de laurier - 3 branches de thym

Préchauffez le four à 200 °C.

Huilez un plat à four suffisamment grand pour y rangez les cuisses de poulet serrées.

Badigeonnez-les avec l'huile restante, poudrez-les de fleur de sel puis déposez-les dans le plat avec la feuille de laurier et les branches de thym.

Enfournez-les pour 45 à 60 min.

Une fois que le poulet est froid, placez le plat au réfrigérateur.

AGNEAU

4 tranches de gigot d'agneau sans os (500 g) - 1 cuill. à soupe d'huile d'olive - sel

POUR 4 PERSONNES
PRÉPARATION : 5 MIN
CUISSON : 5 À 10 MIN
CONSERVATION : 3 JOURS AU RÉFRIGÉRATEUR

Coupez la viande en lamelles. Faites-les griller dans une poêle à feu vif avec l'huile d'olive pendant 5 à 10 min. Salez.

Une fois refroidie, placez la viande dans un contenant hermétique et réservez-la au réfrigérateur.

POUR 4 PERSONNES
PRÉPARATION :
CUISSON : 8 MIN + 15 MIN HORS DU FEU
CONSERVATION : 3 JOURS AU RÉFRIGÉRATEUR

BLANCS DE POULET POCHÉS

4 blancs de poulet - 1 carotte - 2 tiges de persil - 1 gousse d'ail - 1 cuill. à café de sel - 1 cuill. à soupe de jus de citron (facultatif)

Lavez et épluchez la carotte. Coupez-la en cubes.

Portez une casserole d'eau à ébullition avec la carotte, le persil, l'ail, le sel et le jus de citron.

Couvrez et laissez cuire 5 min, puis ajoutez le poulet. Après 3 min, couvrez et laissez le poulet pocher environ 15 min hors du feu.

RONDELLES DE SAUCISSES GRILLÉES

POUR 4 PERSONNES
PRÉPARATION : 2 MIN - CUISSON 12 À 15 MIN
CONSERVATION : 3 JOURS AU RÉFRIGÉRATEUR

Faites griller les saucisses dans une poêle huilée pendant 12 à 15 min.
Une fois refroidies, coupez-les en rondelles.
Placez-les dans un contenant hermétique et réservez au réfrigérateur.

6 chipolatas nature ou aux herbes - huile

BACON CROUSTILLANT

POUR 4 PERSONNES
PRÉPARATION : 2 MIN
CUISSON : 10 À 12 MIN
CONSERVATION : 3 JOURS AU RÉFRIGÉRATEUR

Préchauffez le four à 200 °C.

Étalez les tranches de poitrine sur la plaque du four recouverte de papier cuisson.

Enfournez pour 10 à 12 min, en surveillant bien la cuisson.

Égouttez les tranches sur du papier absorbant. Une fois refroidies, rangez-les dans une boîte hermétique et réservez au réfrigérateur.

200 g de poitrine de porc fraîche (nature ou fumée) coupée en tranches très fines

FILET MIGNON RÔTI

POUR 4 PERSONNES
PRÉPARATION : 5 MIN
CUISSON : 30 MIN
CONSERVATION : 3 JOURS AU RÉFRIGÉRATEUR

1 ou 2 filets mignons de porc (900 g environ)
2 cuill. à soupe d'huile d'olive
2 branches de thym
sel

Faites dorer la viande sur toutes ses faces dans une sauteuse, avec l'huile d'olive.

Ajoutez le thym. Salez, couvrez et poursuivez la cuisson 15 à 20 min à feu moyen.

En cours de cuisson, ajoutez un peu d'eau si la viande ne rend pas assez de jus. (Elle doit être encore un peu rosée pour supporter d'être réchauffée par la suite sans s'assécher.)

Une fois refroidie, coupez la viande en tranches de 1,5 cm et réservez-les dans un contenant hermétique avec le jus.

Les sauces et les condiments

TOMATES ET AIL CONFITS AU FOUR

POUR 4 PERSONNES
PRÉPARATION : 5 MIN
CUISSON : 1 H
CONSERVATION : 3 À 4 JOURS AU RÉFRIGÉRATEUR

1 kg de petites tomates
5 branches de thym
5 gousses d'ail non pelées
1 cuill. à café de fleur de sel
1 cuill. à soupe de sucre
3 cuill. à soupe d'huile d'olive

Hors saison, utilisez des tomates pelées entières en conserve.

Préchauffez le four à 180 °C.

Rangez les tomates serrées, en une seule couche, dans un plat à four. Glissez le thym et les gousses d'ail entre les tomates. Salez, saupoudrez de sucre et arrosez d'huile d'olive.

Enfournez pour 1 h.

Laissez les tomates refroidir dans le four éteint pour finir de les confire.

Filmez le plat hermétiquement ou transvasez le tout dans un plat de conservation, fermez-le et réservez au réfrigérateur.

BÉCHAMEL

POUR 4 PERSONNES
PRÉPARATION 10 MIN - CUISSON 15 MIN
CONSERVATION 2 À 3 JOURS AU RÉFRIGÉRATEUR

ensez préparer ette recette n double en longeant un peu temps de cuisson.

a béchamel ne se conserve pas longtemps ais se congèle très bien.

40 g de beurre
60 g de farine
50 cl de lait - 1 pincée de noix de muscade râpée
sel et poivre

Faites fondre le beurre dans une casserole à fond épais.

Ajoutez la farine et remuez avec une cuillère en bois pendant 30 secondes. Versez le lait petit à petit, jusqu'à obtention d'une préparation lisse.

Salez, poivrez et ajoutez la muscade.

Continuez à faire cuire la béchamel pendant 12 à 15 min à feu moyen, en remuant, jusqu'à ce que la sauce épaississe. Versez la béchamel dans un bocal, filmez au contact puis vissez le couvercle. Réservez au réfrigérateur une fois refroidi.

PESTO

POUR 4 PERSONNES
PRÉPARATION : 10 MIN
CONSERVATION : 7 JOURS AU RÉFRIGÉRATEUR

Répartissez le pesto dans des moules à glaçons pour le conserver au congélateur et utiliser ces petites portions acilement.

1 bouquet de basilic - 40 g de parmesan - 1 gousse d'ail - 60 g de pignons ou d'amandes (si possible torréfiés) - 5 à 8 cl d'huile d'olive - sel

Effeuillez le basilic. Râpez le parmesan. Épluchez l'ail, dégermez-le et coupez-le en morceaux.

Placez le basilic, le parmesan, les fruits secs et l'ail dans un mortier ou dans le bol d'un petit robot. Pilez-les (ou mixez-les). Ajoutez l'huile d'olive petit à petit, en mixant à chaque fois, jusqu'à obtention d'une préparation homogène. Salez.

Réservez le pesto dans un bocal et couvrez la surface d'huile d'olive, pour améliorer la conservation.

Fermez le couvercle et placez au réfrigérateur.

CHUTNEY D'OIGNONS ROUGES

OUR 4 PERSONNES
RÉPARATION : 10 MIN
UISSON : 30 MIN
ONSERVATION :
JOURS

3 oignons rouges émincés - 2 cuill. à soupe d'huile - 1 cm de gingembre haché - 100 g de sucre de canne - 10 cl de vinaigre de cidre - 1 pincée de cannelle - 1 clou de girofle - ½ cuill. à café de sel - 5 cl d'eau

Faites revenir les oignons avec l'huile dans une casserole jusqu'à ce qu'ils soient translucides.

Ajoutez les ingrédients restants et laissez compoter à feu doux pendant 20 à 30 min.

Versez le chutney brûlant dans un bocal bien propre. Vissez le couvercle et retournez le pot pour une meilleure conservation. Réservez au réfrigérateur.

PÂTE BRISÉE POUR TARTE SALÉE OU SUCRÉE

POUR 1 PÂTE - PRÉPARATION : 15 MIN - REPOS : 1 HEURE - CONSERVATION : 3 À 4 JOURS AU RÉFRIGÉRATEUR

250 g de farine + un peu pour le plan de travail - 125 g de beurre coupé en dés - 2 cuill. à soupe d'huile d'olive - 1 cuill. à café de vinaigre blanc - 5 à 8 cl d'eau - 2 pincées de sel

Versez la farine dans un plat creux. Ajoutez le beurre et incorporez-le rapidement du bout des doigts, jusqu'à obtention d'un sable grossier.

Ajoutez l'huile, le vinaigre, puis l'eau petit à petit : vous devez pouvoir former une boule.

Ne pétrissez pas trop la pâte pour qu'elle reste croustillante à la cuisson.

Filmez la boule et réservez-la au moins 1 h au réfrigérateur.

Pour étaler la pâte, veillez à la sortir 30 min à l'avance.

Travaillez-la rapidement sur un plan de travail légèrement fariné (ou sur du papier cuisson) pour l'assouplir, puis étalez-la en disque à l'aide d'un rouleau à pâtisserie.

Pour une tarte sucrée, vous pourrez saupoudrer le fond de pâte de sucre en poudre avant d'ajouter la garniture ; pour une tarte salée, tartinez-le éventuellement de moutarde.

FRUITS SECS TORRÉFIÉS OU FRUITS SECS SALÉS

POUR 4 PERSONNES
CUISSON : 3 À 5 MIN
CONSERVATION : 5 JOURS MINIMUM

100 à 150 g de pignons de pin, d'amandes effilées, de noisettes...

POUR LES FRUITS SECS SALÉS

1 cuill. à café d'huile d'olive
1 cuill. à café de paprika fumé ou nature - 1 pointe de curcuma - 1 cuill. à café de fleur de sel

Pour les fruits secs torréfiés :
Dans une poêle sans matière grasse, faites légèrement dorer les fruits secs choisis à feu moyen pendant 3 à 5 min, en remuant sans cesse.

Pour les fruits secs salés :
Procédez de la même façon, puis ajoutez l'huile, les épices et le sel lorsque les fruits secs commencent à colorer. Remuez doucement à feu doux pour bien les enrober.

Laissez-les refroidir étalés sur une assiette. Placez-les dans un bocal fermé et réservez dans un placard. Grignotez-les à l'apéritif, au goûter, ou dégustez-les avec un yaourt, des fruits…

CAKE AUX PISTACHES ET AUX PRALINES ROSES

POUR 4 PERSONNES
PRÉPARATION : 10 MIN
CUISSON : 40 MIN
CONSERVATION : 5 JOURS

- 3 œufs
- 150 g de sucre
- 200 g de beurre fondu + un peu pour le moule
- 200 g de farine
- ½ sachet de levure
- 50 g de pistaches crues
- 100 g de pralines roses concassées

Préchauffez le four à 180 °C.

Dans un plat creux, fouettez les œufs et le sucre pendant quelques minutes jusqu'à ce qu'ils blanchissent.

Incorporez rapidement le beurre, puis la farine et la levure.

Ajoutez les pistaches et les pralines, en mélangeant avec une spatule.

Beurrez un moule à cake et versez-y la préparation.

Enfournez pour 40 min, en contrôlant la cuisson avec la pointe d'un couteau.

Démoulez le cake et placez-le dans une boîte hermétique.

Les fruits

FRUITS PRÊTS À DÉGUSTER

Voici quelques idées de fruits prêts à être dégustés tels quels au goûter, au dessert… ou à ajouter sur un yaourt, recouverts de meringue ou de biscuits écrasés façon *eton mess*…

CONSERVATION : 4 JOURS AU RÉFRIGÉRATEUR, SAUF POUR LES BANANES : 2 JOURS

- 4 bananes coupées en rondelles et arrosées de jus de citron
- 2 mangues épluchées, dénoyautées et coupées en lamelles
- 1 ananas épluché et coupé en morceaux
- Des tranches de melon épluchées et coupées en morceaux
- Mais aussi des abricots, des grains de raisin… lavés, bien séchés et conservés au frais.

Placez les fruits coupés dans des sachets au congélateur pour réaliser des sorbets « minute» ou des smoothies glacés.

COMPOTE DE POMMES, POIRES ET CRANBERRIES

POUR 4 PERSONNES
PRÉPARATION : 10 MIN - CUISSON : 30 MIN
CONSERVATION : 4 JOURS

4 grosses pommes type Gala - 2 poires - 100 g de cranberries (canneberges)

Lavez, épluchez et épépinez les pommes et les poires. Coupez-les en cubes.

Placez-les dans une grande casserole et faites-les cuire à feu moyen pendant 5 min, en remuant pour qu'ils s'écrasent.

Ajoutez 2 cuill. à soupe d'eau si nécessaire, couvrez et poursuivez la cuisson 20 min à feu doux, pour les faire compoter, en remuant de temps en temps. Mixez-les finement puis ajoutez les cranberries. Faites les cuire de nouveau 5 min.

Une fois la compote refroidie, versez-la dans un bocal, fermez-le et réservez au réfrigérateur.

Vous pouvez ajouter les cranberries en même temps que l'eau : vous mixerez alors le tout pour obtenir une compote lisse et rose.

4 pommes type Boskoop - 1 cuill. à soupe de beurre - 1 cuill. à soupe de sucre

POMMES TRANSLUCIDES

POUR 4 PERSONNES
PRÉPARATION : 10 MIN
CUISSON : 15 MIN
CONSERVATION : 4 JOURS AU RÉFRIGÉRATEUR

Lavez, épluchez et épépinez les pommes. Coupez chacune d'elles en six quartiers environ.

Dans une grande poêle, faites fondre le beurre à feu moyen. Faites revenir les pommes 3 min sur chaque face.

Saupoudrez-les de sucre, couvrez et poursuivez la cuisson à feu très doux, en ajoutant un tout petit peu d'eau si besoin.

Au bout de 8 à 10 min, lorsque les pommes sont cuites, faites-les caraméliser quelques minutes sans couvercle, à feu vif.

Placez-les dans un plat de conservation. Une fois refroidies, réservez-les au frais.

LES RECETTES

SANS CUISSON

TABOULÉ DE *quinoa*

Pour 4 personnes
Préparation du soir 15 min

MES PRÉPARATIONS DE BASE À UTILISER :

blancs de poulet pochés p. 33
concombre p. 24
quinoa p. 20

CE QU'IL ME FAUT

EN PLUS :

le jus de 1 citron

2 cuill. à soupe d'huile d'olive

150 g de tomates cerises multicolores

2 avocats

½ bouquet de basilic

sel et poivre

S'il me manque :

LE QUINOA

REMPLACEZ-LE PAR DE LA SEMOULE, DU BLÉ OU DES PÂTES.

LE POULET

REMPLACEZ-LE PAR DU FILET MIGNON CUIT OU DES CREVETTES.

LE CONCOMBRE

REMPLACEZ-LE PAR UNE PETITE COURGETTE CRUE COUPÉE EN DÉS.

MOI, J'AJOUTE AUSSI :

....

....

....

....

....

....

....

....

SANS CUISSON

TABOULÉ DE *quinoa*

Mélangez la moitié du jus de citron avec l'huile d'olive. Salez et versez cette marinade sur le poulet détaillé en cubes. Réservez le temps de préparer la suite de la recette.

- Coupez les bâtonnets de concombre en petits cubes.
- Coupez les tomates cerises lavées en quatre.
- Dénoyautez les avocats, épluchez-les et coupez-les en petits dés.
- Arrosez-les aussitôt avec le jus de citron restant, pour éviter qu'ils noircissent.
- Mélangez tous les ingrédients dans un grand saladier avec le basilic ciselé. Rectifiez l'assaisonnement si besoin.

Idée menu

Idéal en été avec un carpaccio de bœuf (pas de cuisson et pas de préparation !). En dessert optez pour des tranches de melon ou des pêches.

À ma façon :

....
....
....
....
....
....
....
....

SALADE DE *lentilles tièdes*

SANS CUISSON

Pour 4 personnes
Préparation du soir 15 min

MES PRÉPARATIONS DE BASE À UTILISER :

lentilles vertes mijotées p. 23
rondelles de saucisses grillées p. 34
3 cuill. à soupe de pignons grillés p. 38

CE QU'IL ME FAUT

EN PLUS :

2 ou 3 cuill. à soupe de vinaigre de vin rouge

5 cuill. à soupe d'huile de noix (ou d'olive)

1 cuill. à soupe de moutarde à l'ancienne

1 ou 2 échalotes

½ bouquet de persil plat

S'il me manque :

LES LENTILLES

REMPLACEZ-LES PAR DU QUINOA OU DES PÂTES.

LA SAUCISSE

REMPLACEZ-LA PAR DE LA POITRINE FUMÉE COUPÉE EN ALLUMETTES OU DU SAUCISSON SEC ÉPLUCHÉ ET TAILLÉ EN TRÈS PETITS DÉS.

LES PIGNONS

REMPLACEZ-LES PAR DES NOIX HACHÉES.

LE PERSIL

REMPLACEZ-LE PAR L'HERBE DE VOTRE CHOIX.

MOI, J'AJOUTE AUSSI :

....

....

....

....

....

SANS CUISSON

SALADE DE *lentilles tièdes*

Réalisez une vinaigrette avec le vinaigre, la moutarde et l'huile, puis ajoutez l'échalote finement ciselée et du sel.

- Émincez les saucisses en rondelles de 1 cm.
- Hachez le persil préalablement lavé.
- Dans un saladier, mélangez les lentilles avec la vinaigrette et le persil, puis ajoutez les saucisses et les pignons.

Idée menu

Servez cette salade avec un bon pâté de campagne et des cornichons.
Proposez des fruits frais en dessert.

À ma façon :

....

....

....

....

....

....

....

....

SALADE DE *pâtes, courgettes et feta*

SANS CUISSON

Pour 4 personnes
Préparation du soir 15 min

MES PRÉPARATIONS DE BASE À UTILISER:

pâtes p. 22

rondelles de saucisses grillées p. 34

rondelles de courgettes grillées p. 24

3 cuill. à soupe de pignons grillés p. 38

CE QU'IL ME FAUT EN PLUS :

2 cuill. à soupe de jus de citron

3 cuill. à soupe d'huile d'olive

200 g de feta

150 g de tomates cerises

le zeste d'un citron non traité

½ bouquet de basilic - sel et poivre

MOI, J'AJOUTE AUSSI :

....

....

....

....

S'il me manque :

LES PÂTES

REMPLACEZ-LES PAR DU QUINOA.

LES COURGETTES

REMPLACEZ-LES PAR DES ARTICHAUTS À L'HUILE, ÉGOUTTÉS ET COUPÉS EN QUATRE.

LA FÉTA

REMPLACEZ-LA PAR DE LA MOZZARELLA OU DU FROMAGE DE CHÈVRE FRAIS.

SALADE DE *pâtes, courgettes et feta*

SANS CUISSON

Versez le mélange de jus de citron et d'huile sur les pâtes, dans un grand saladier. Remuez bien.

- Coupez la feta en petits cubes, les tomates cerises en deux et les saucisses en rondelles de 1 cm.
- Mélangez tous les ingrédients avec les pâtes. Salez et poivrez.
- Parsemez de basilic ciselé.

Idée menu

Très équilibrée, cette salade de pâtes se suffit à elle-même. Vous pouvez remplacer les rondelles de saucisses par des dés de jambon ou, pour une version végétarienne par des pois chiches ou des cubes de tofu aux herbes.

À ma façon :

....

....

....

....

....

....

....

....

SALADE *césar*

SANS CUISSON

Pour 4 personnes
Préparation du soir 15 min

MES PRÉPARATIONS DE BASE À UTILISER :

1 œuf dur p. 30

cuisses de poulet rôties p. 32

bacon croustillant p. 34

1 salade verte au choix p. 24

CE QU'IL ME FAUT

EN PLUS :

10 à 15 cl de crème liquide

1 gousse d'ail

40 g de parmesan fraîchement râpé

1 cuill. à café de moutarde

10 brins de ciboulette

½ baguette

S'il me manque :

LA SALADE

REMPLACEZ-LA PAR DES ENDIVES COUPÉES EN RONDELLES OU DES PÂTES.

L'ŒUF DUR

IL DONNE DE L'ÉPAISSEUR À LA SAUCE MAIS N'EST PAS OBLIGATOIRE. REMPLACEZ-LE PAR 5 ANCHOIS À L'HUILE.

LE POULET

REMPLACEZ-LE PAR DES TRANCHES DE FILET MIGNON OU DE ROSBIF FROIDS.

MOI, J'AJOUTE AUSSI :

....

....

....

....

....

SALADE césar

SANS CUISSON

Mixez l'œuf cuit dur avec la crème, l'ail écrasé, le parmesan râpé et la moutarde, jusqu'à obtention d'une sauce lisse et crémeuse.

- Détaillez le poulet désossé en cubes. Taillez le bacon en allumettes avec des ciseaux.
- Dans un grand plat, disposez la salade, le poulet et le bacon.
- Versez la sauce en filet et parsemez de ciboulette ciselée.
- Accompagnez cette salade de fines tranches de baguette grillée, comme des croûtons.

Idée menu

Pour une version « pique-nique » ou pour emmener au bureau, garnissez des petits pains de cette salade césar et filmez-les individuellement.

À ma façon :

....

....

....

....

....

....

....

....

TOURTE *poulet* ET COCO

Pour 4 personnes
Préparation du soir 15 min
Cuisson 35 min

MES PRÉPARATIONS DE BASE À UTILISER :

1 pâte brisée p. 38

cuisses de poulet rôties p. 32

la moitié des frites de carottes p. 29

oignons nouveaux p. 29

CE QU'IL ME FAUT

EN PLUS :

20 cl de crème de coco

1 cuill. à soupe bombée de fécule de maïs

250 g de petits pois surgelés

1 œuf (pour dorer)

1 cuill. à soupe de graines de pavot

sel et poivre

S'il me manque :

LA PÂTE BRISÉE

REMPLACEZ-LA PAR UNE PÂTE DU COMMERCE OU RÉALISEZ LA MÊME PRÉPARATION SANS PÂTE, COMME UN GRATIN.

LES CUISSES DE POULET

REMPLACEZ-LE PAR DES BLANCS DE POULET CUITS (P.33).

LES PETITS POIS SURGELÉS

REMPLACEZ-LES PAR LE LÉGUME CUIT DE VOTRE CHOIX, COUPÉ EN PETITS DÉS.

L'ŒUF POUR LA DORURE

REMPLACEZ-LE PAR UN PEU DE LAIT.

MOI, J'AJOUTE AUSSI :

....

....

....

....

TOURTE *poulet* ET COCO

Préchauffez le four à 180 °C. Étalez la pâte brisée, puis foncez une tourtière beurrée. Coupez l'excédent de pâte. Taillez des bandes de 1,5 cm dans les chutes de pâte. Désossez les cuisses de poulet et coupez la chair en petits morceaux.

- Dans un plat creux, mélangez la crème de coco avec la fécule délayée dans 1 cuill. à soupe d'eau. Salez et poivrez. Ajoutez les morceaux de poulet, les petits pois encore congelés et les carottes. Mélangez bien. Versez cette préparation dans la tourtière.
- Répartissez les oignons nouveaux sur le dessus.
- Mélangez l'œuf avec 1 cuill. à soupe d'eau. Trempez un pinceau dans ce mélange et badigeonnez la pâte ainsi que les bandes réservées. Parsemez de pavot.
- Disposez les bandes sur la tourte en formant des croisillons. Soudez les bords avec les dents d'une fourchette.
- Enfournez pour 35 min.

Idée menu

Accompagnez la tourte d'une salade assaisonnée avec une pointe de gingembre dans la vinaigrette et terminez votre repas par un fruit exotique comme la mangue ou l'ananas (voir p. 40).

À ma façon :

....

....

....

....

....

....

....

....

Variante

Pour une « tourte du pêcheur », remplacez le poulet par 3 pavés de saumon coupés en cubes, cuits 5 min au micro-ondes et bien égouttés.

PIZZA courgettes chèvre ET noix

Pour 4 personnes
Préparation du soir 15 min
Cuisson 15 à 20 min

MES PRÉPARATIONS DE BASE À UTILISER:

tomates et ail confits au four p. 37

rondelles de courgettes grillées p. 24

CE QU'IL ME FAUT EN PLUS :

1 bûchette de chèvre affiné

1 pâte à pizza prête à dérouler

3 cuill. à soupe de cerneaux de noix

1 cuill. à café de thym effeuillé

1 cuill. à soupe d'huile d'olive

3 cuill. à soupe de miel liquide

S'il me manque :

LA PÂTE À PIZZA

REMPLACEZ-LA PAR DE GRANDES TRANCHES DE PAIN FROTTÉES AVEC UNE GOUSSE D'AIL, POUR UNE VERSION CROSTINI.

LES COURGETTES

REMPLACEZ-LES PAR DES TRANCHES D'AUBERGINES GRILLÉES OU DES POIVRONS MARINÉS ÉGOUTTÉS.

LE CHÈVRE

REMPLACEZ-LE PAR UNE BOULE DE MOZZARELLA COUPÉE EN TRANCHES.

MOI, J'AJOUTE AUSSI :

....

....

....

....

PIZZA courgettes chèvre ET noix

Préchauffez le four à 220 °C. À l'aide d'une fourchette, écrasez grossièrement les tomates et les gousses d'ail dans un plat. Retirez la peau des tomates et des gousses d'ail.

- Coupez la bûchette de chèvre en rondelles. Déroulez la pâte à pizza sur une plaque à four recouverte de papier cuisson.
- Nappez-la de préparation à la tomate. Recouvrez de rondelles de courgettes et de chèvre.
- Parsemez de noix et de thym, puis versez l'huile d'olive et le miel en filet.
- Enfournez pour 15 à 20 min, jusqu'à ce que la pâte soit bien cuite.

Idée menu

Accompagnez ce plat d'une salade verte. Proposez des fruits frais en dessert ou de la compote de pommes, poires et cranberries (p.41).

À ma façon :

....

....

....

....

....

....

....

....

QUICHE ÉPAISSE AUX *poireaux*

Pour 4 pers.
Préparation du soir 15 min
Cuisson 30 min

MES PRÉPARATIONS DE BASE À UTILISER :

- fondue de poireaux p. 27
- la moitié de bacon croustillant p. 34
- 1 pâte brisée p. 38

CE QU'IL ME FAUT EN PLUS :

2 cuill. à soupe de moutarde
1 cuill. à soupe de fécule de maïs
250 g de ricotta
4 œufs
sel et poivre
muscade râpée

S'il me manque :

LA RICOTTA

REMPLACEZ-LA PAR 15 CL DE CRÈME LIQUIDE MÉLANGÉE À 5 CL DE LAIT

LES POIREAUX

REMPLACEZ LA PAR DES RONDELLES DE COURGETTES, DES POIVRONS ÉGOUTTÉS...

MOI, J'AJOUTE AUSSI :

....
....
....
....
....

QUICHE ÉPAISSE AUX *poireaux*

Préchauffez le four à 180 °C. Étalez la pâte dans une petite tourtière haute de 4 cm. Piquez-la avec les dents d'une fourchette, puis badigeonnez-la de moutarde.

- Dans un plat creux, mélangez la fécule avec un petit peu de ricotta. Incorporez les œufs et le restant de ricotta.
- Salez, poivrez et ajoutez une pointe de couteau de noix muscade.
- Taillez le bacon en allumettes et incorporez-les à la préparation. Pour finir, ajoutez les poireaux et mélangez bien.
- Versez l'appareil dans le moule et enfournez pour 30 min.

Idée menu

Proposez des fruits en dessert et un laitage. Répartissez une mangue en dès ou des framboises sur des yaourts crémeux et saupoudrez de noix de coco.

À ma façon :

....

....

....

....

....

....

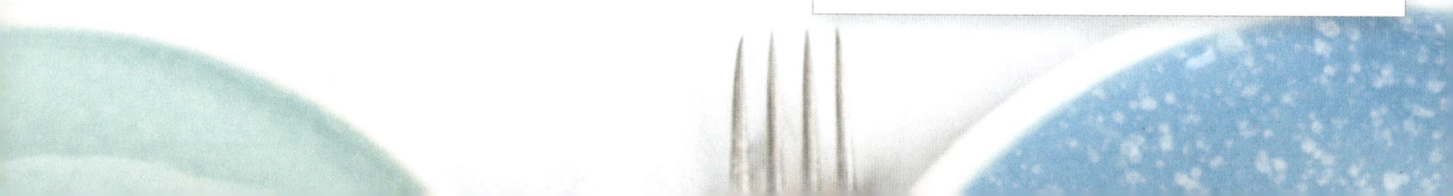

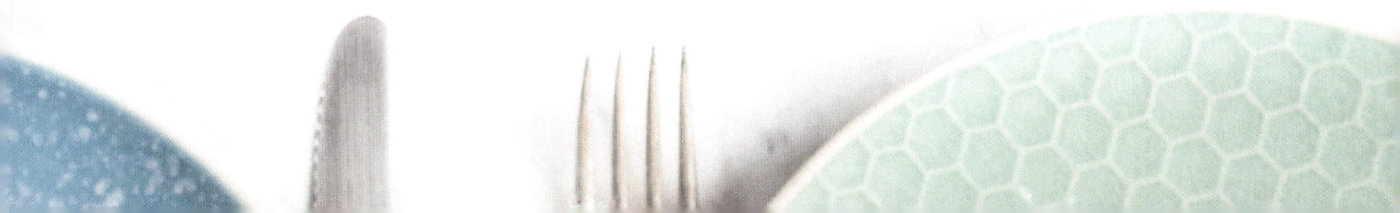

SANS CUISSON

TARTINES DE JAMBON CRU ET *velouté glacé de poivron*

Pour 4 personnes
Préparation du soir 15 min

MES PRÉPARATIONS DE BASE À UTILISER :

tomates et ail confits au four p. 37
poivrons marinés p. 26
oignons nouveaux p. 29
pesto p. 36
½ concombre p. 24

CE QU'IL ME FAUT

EN PLUS :

2 cuill. à soupe d'huile d'olive

8 tranches de pain de campagne

8 tranches fines de jambon cru type Serrano

tomates cerises

S'il me manque :

LE PESTO

REMPLACEZ-LE PAR DU FROMAGE DE CHÈVRE FRAIS ARROSÉ D'UNE BONNE HUILE D'OLIVE.

LE JAMBON CRU

REMPLACEZ-LE PAR DES FILETS DE POULET POCHÉS ÉMINCÉS FINEMENT.

LES INGRÉDIENTS DE LA SOUPE FROIDE

REMPLACEZ-LA PAR UNE SALADE VERTE OU UNE SALADE DE TOMATES.

MOI, J'AJOUTE AUSSI :

....

....

....

....

SANS CUISSON

TARTINES DE JAMBON CRU ET velouté glacé de poivron

Retirez la peau des tomates et des gousses d'ail après avoir ôté les branches de thym.

- Placez le tout dans un blender. Ajoutez les poivrons et les oignons nouveaux coupés en morceaux.
- Mixez finement avec 2 cuill. à soupe d'huile d'olive et un filet d'eau glacée, jusqu'à obtenir la consistance d'un velouté. Réservez au frais.
- Faites griller les tranches de pain. Tartinez-les de pesto et recouvrez d'une tranche de jambon cru.
- Servez le velouté glacé avec les tartines, des bâtonnets de concombre et des tomates cerises.

Idée menu

Idéal pour un plateau télé ou un apéritif dînatoire !
Terminez ce repas avec, selon la saison, un melon coupé en cubes, des grappes de raisin ou un ananas à inclure dans les préparations batch cooking de la semaine.

À ma façon :

....

....

....

....

....

....

....

....

POULET CARAMÉLISÉ AUX *pommes*

Pour 4 personnes
Préparation du soir 15 min
Cuisson 15 min

MES PRÉPARATIONS DE BASE À UTILISER :

- riz p. 20
- blancs de poulet pochés p. 33
- pommes translucides p. 41

CE QU'IL ME FAUT EN PLUS :

5 cl de vinaigre balsamique

5 cl de sirop d'érable

1 gousse d'ail

½ bouquet de coriandre

2 cuill. à soupe de sésame grillé

S'il me manque :

LE RIZ

REMPLACEZ-LE PAR DU QUINOA OU DE LA SEMOULE.

LE POULET

REMPLACEZ-LE PAR DU FILET MIGNON CUIT.

MOI, J'AJOUTE AUSSI :

....

....

....

POULET CARAMÉLISÉ AUX *pommes*

Réchauffez le riz au micro-ondes, dans un plat couvert (ou à feu très doux, dans une casserole, avec 1 cuill. à soupe d'eau, en remuant délicatement).

- Coupez les blancs de poulet en morceaux.
- Dans une poêle, versez le vinaigre balsamique et le sirop d'érable. Ajoutez la gousse d'ail écrasée et portez la préparation à ébullition. Laissez réduire un peu : lorsque le mélange devient sirupeux, ajoutez le poulet en mélangeant pour bien l'enrober.
- Poursuivez la cuisson à feu doux jusqu'à ce que la viande soit chaude.
- Ajoutez les pommes préalablement réchauffées au micro-ondes ou à la poêle. Au moment de servir, parsemez de coriandre ciselée et de sésame.
- Servez accompagné du riz bien chaud.

Idée menu

Ce plat appelle à la gourmandise, pourquoi ne pas terminer le repas par une crème chocolat liégeois ?

À ma façon :

....

....

....

....

....

....

....

....

BLANQUETTE DE VEAU minute

Pour 4 personnes
Préparation du soir 15 min
Cuisson 20 min

MES PRÉPARATIONS DE BASE À UTILISER :

riz p. 20

veau moelleux en cocotte p. 31

la moitié de la fondue de poireaux p. 27

la moitié des frites de carottes p. 29

CE QU'IL ME FAUT EN PLUS :

20 cl de crème fraîche épaisse

1 jaune d'œuf

1 cuill. à soupe de fécule

le jus de ½ citron + le zeste

S'il me manque :

LE VEAU MOELLEUX

REMPLACEZ-LE PAR LE FILET MIGNON RÔTI COUPÉ EN MORCEAUX (VOIR P.35).

LE RIZ

REMPLACEZ-LE PAR DU QUINOA OU DES PÂTES (VOIR P.20 OU 22).

LES POIREAUX

REMPLACEZ-LES PAR UNE FONDUE D'OIGNONS (VOIR P.29).

MOI, J'AJOUTE AUSSI :

....

....

....

....

....

....

....

BLANQUETTE DE VEAU minute

Réchauffez le riz au micro-ondes, dans un plat couvert (ou à feu très doux, dans une casserole, avec 1 cuill. à soupe d'eau, en remuant délicatement).

- Dans une cocotte, mélangez la crème fraîche avec le jaune d'œuf et la fécule délayée dans 1 cuill. à soupe d'eau froide. Faites mijoter 5 min à feu moyen, puis incorporez le jus de citron. Ajoutez la viande, les poireaux et les carottes. Poursuivez la cuisson 15 min.
- Servez la blanquette parsemée de zeste de citron, accompagnée de riz.

Idée menu

Envie d'un dessert ?

TARTELETTES AUX POMMES RAPIDES.

Coupez 4 disques dans une pâte feuilletée en utilisant un bol comme emporte-pièce. Faites-les cuire entre deux plaques recouvertes de papier cuisson pendant 20 min dans le four préchauffé à 180 °C. Poudrez-les de sucre glace et passez-les ensuite sous le grill 3 à 4 min, jusqu'à ce que le sucre brille. (Vous pouvez faire tout cela à l'avance.)

Faites tiédir les pommes translucides (voir p.41) au micro-ondes ou à la poêle, puis répartissez-les sur les disques de pâte cuite. Accompagnez ces tartes d'une boule de glace à la vanille ou de crème fraîche épaisse.

À ma façon :

....

....

....

....

....

....

....

....

FILET MIGNON ET *pâtes à la crème d'estragon*

Pour 4 personnes
Préparation du soir 15 min
Cuisson 15 min

MES PRÉPARATIONS DE BASE À UTILISER

pâtes p. 22

filet mignon rôti p. 35

CE QU'IL ME FAUT EN PLUS :

25 cl de crème liquide
4 tiges d'estragon
1 gousse d'ail
1 cuill. à café de moutarde
100 g de petits pois surgelés

S'il me manque :

LES PÂTES

REMPLACEZ-LES PAR DU RIZ.

LE FILET MIGNON

REMPLACEZ-LE PAR DES BLANCS DE POULET OU DU VEAU MOELLEUX (VOIR P.30).

L'ESTRAGON

REMPLACEZ-LE PAR DU BASILIC OU DE LA SAUGE.

LES PETITS POIS

REMPLACEZ-LES PAR DES POUSSES D'ÉPINARDS, MAIS NE LES FAITES CUIRE QUE 1 OU 2 MIN.

MOI, J'AJOUTE AUSSI :

....

....

....

....

FILET MIGNON ET pâtes à la crème d'estragon

Dans une casserole, portez la crème à ébullition avec les tiges d'estragon, l'ail écrasé et la moutarde.

- Au bout de 5 min, retirez l'estragon et ajoutez les petits pois.
- Poursuivez la cuisson 4 min, jusqu'à ce que les petits pois soient fondants.
- Réchauffez les pâtes dans une casserole à feu très doux, avec 2 cuill. à soupe d'eau et 2 cuill. à soupe de sauce à la crème.
- Placez le filet mignon coupé en tranches dans la casserole des petits pois, pour le réchauffer dans la crème.
- Servez avec les pâtes.

Idée menu

Envie d'un dessert ?

ANANAS CARAMÉLISÉ FLAMBÉ AU RHUM

Faites revenir l'ananas coupé dans une poêle avec 20 g de beurre, 2 cuill. à soupe de sucre roux et 1 sachet de sucre vanillé.

Dès que la préparation caramélise, ajoutez 4 cuill. à soupe de rhum et flambez avec précaution ou laissez-le s'évaporer.

À ma façon :

....

....

....

....

....

....

....

....

FILET MIGNON À L'*indienne et dahl de lentilles corail*

Pour 4 personnes
Préparation du soir 15 min
Cuisson 10 min

MES PRÉPARATIONS DE BASE À UTILISER :

riz p. 20
filet mignon rôti p. 35
dahl de lentilles corail p. 23
chutney d'oignons rouges p. 36

CE QU'IL ME FAUT EN PLUS :

4 capsules de cardamome

3 pistils de safran

¼ de cuill. à café de curcuma

1 clou de girofle

S'il me manque :

LE RIZ

REMPLACEZ-LE PAR DE LA SEMOULE CUITE (VOIR P.21).

LE FILET MIGNON

REMPLACEZ-LE PAR DES BLANCS DE POULET (VOIR P.33).

MOI, J'AJOUTE AUSSI :

....

....

....

....

....

FILET MIGNON À L'*indienne et dahl de lentilles corail*

Réchauffez le riz avec les épices au micro-ondes, dans un plat couvert (ou à feu très doux, dans une casserole, avec 1 cuill. à soupe d'eau, en remuant délicatement).

- Réchauffez les lentilles corail.
- Dans une poêle, faites chauffer le chutney avec 2 cuill. à soupe d'eau. Ajoutez le filet mignon coupé en médaillons, poursuivez la cuisson quelques minutes à feu doux pour réchauffer la viande en l'enrobant bien de sauce.

Idée menu

En hiver, mixez finement les lentilles corail avec un peu de lait chaud, pour confectionner un velouté réconfortant

Envie d'un dessert ?

LASSI À LA MANGUE

Épluchez et dénoyautez 2 mangues bien mûres puis coupez-les en morceaux. Mixez-les avec 2 yaourts brassés nature et 15 à 25 cl de lait (ou de lait fermenté) afin d'obtenir une préparation lisse et mousseuse. Ajoutez éventuellement un peu de miel. Répartissez dans 4 grands verres.

À ma façon :

....

....

....

....

....

....

....

....

WOK DE *bœuf* À LA CORIANDRE ET AUX VERMICELLES DE RIZ

Pour 4 personnes
Préparation du soir 10 min
Cuisson 10 min

MES PRÉPARATIONS DE BASE À UTILISER

bœuf haché mijoté p. 30

fleurettes de brocolis p. 25

CE QU'IL ME FAUT

EN PLUS :

250 g de vermicelles de riz

2 cuill. à soupe d'huile de sésame (ou d'olive)

2 cuill. à soupe de sauce soja

1 cuill. à soupe de graines de sésame grillé

1 bouquet de coriandre

S'il me manque :

LE BŒUF HACHÉ

REMPLACEZ-LE PAR UNE VIANDE CUITE COUPÉE EN FINES LAMELLES.

LES VERMICELLES DE RIZ

REMPLACEZ-LES PAR DES SPAGHETTIS OU DU QUINOA (VOIR P.20).

LES BROCOLIS

REMPLACEZ-LES PAR LES LÉGUMES CUITS DE VOTRE CHOIX.

MOI, J'AJOUTE AUSSI :

....

....

....

....

WOK DE *bœuf* À LA CORIANDRE ET AUX VERMICELLES DE RIZ

Faites tremper les vermicelles pendant au moins 3 min dans un saladier rempli d'eau chaude.

- Faites chauffer l'huile dans le wok. Faites-y revenir le bœuf rapidement, puis ajoutez les brocolis, la sauce soja et les graines de sésame.
- Égouttez les vermicelles et incorporez-les au wok, avec la coriandre effeuillée.
- Remuez bien et servez aussitôt.

Idée menu

Envie d'un dessert ?

LITCHIS, CHANTILLY COCO

Placez une brique de crème de coco au réfrigérateur au moins 2 heures à l'avance, puis montez-la en chantilly ferme avec 2 cuill. à soupe de sucre glace. Égouttez une boîte de litchis au sirop et répartissez-les dans des coupelles. Surmontez de crème Chantilly coco et de biscuits à la noix de coco ou au chocolat émiéttés.

À ma façon :

....

....

....

....

....

....

....

....

RIZ *sauté* À LA BALINAISE

Pour 4 personnes
Préparation du soir 15 min
Cuisson 10 min

MES PRÉPARATIONS DE BASE À UTILISER:

filet mignon rôti p. 35

frites de carottes p. 29

oignons nouveaux p. 29

riz p. 20

CE QU'IL ME FAUT EN PLUS :

3 gousses d'ail

3 cuill. à soupe de cacahuètes

½ bouquet de coriandre

2 œufs

4 cuill. à soupe d'huile

3 cuill. à soupe de sauce soja sucrée

1 citron

S'il me manque :

LE RIZ

REMPLACEZ-LE PAR DU QUINOA (VOIR P.20).

LE FILET MIGNON

REMPLACEZ-LE PAR DU BŒUF HACHÉ MIJOTÉ (VOIR P.31).

LA SAUCE SOJA SUCRÉE

REMPLACEZ-LA PAR 1 CUILL. À CAFÉ DE SUCRE QUE VOUS AUREZ MÉLANGÉ AVEC 2 CUILL. À SOUPE DE VINAIGRE BALSAMIQUE..

MOI, J'AJOUTE AUSSI :

....

....

....

....

RIZ sauté à la BALINAISE

Émincez l'ail épluché, hachez les cacahuètes et effeuillez la coriandre. Détaillez le filet mignon en petits cubes.

- Fouettez les œufs dans un saladier. Faites cuire cette fine omelette dans une grande poêle huilée, puis coupez-la en petits carrés.
- Faites chauffer 3 cuill. à soupe d'huile à feu vif dans la poêle. Faites-y frire l'ail, ajoutez ensuite les cubes de porc, les carottes et les oignons nouveaux. Laissez revenir 4 min à feu moyen, déglacez avec la sauce soja puis ajoutez le riz en remuant bien.
- Lorsque la préparation est bien chaude, ajoutez les cacahuètes, les carrés d'omelette et la coriandre.
- Servez aussitôt, arrosé de jus de citron.

Idée menu

En dessert, servez des fruits frais coupés en morceaux sur lesquels vous aurez saupoudré une grosse meringue de pâtissier concassée.

À ma façon :

....

....

....

....

....

....

....

....

COUSCOUS AU *potimarron*

Pour 4 personnes
Préparation du soir 15 min
Cuisson 10 min

MES PRÉPARATIONS DE BASE À UTILISER:

semoule p. 21
potimarron rôti au four p. 27
fondue d'oignons p. 29
agneau p. 33

CE QU'IL ME FAUT

EN PLUS :

quelques abricots secs

1 petite boîte de pois chiches

½ bouquet de coriandre

huile

S'il me manque :

LA SEMOULE

REMPLACEZ-LA PAR DU QUINOA OU DES PÂTES (VOIR P.20 OU P.22).

L'AGNEAU

OPTEZ POUR UNE VERSION VÉGÉTARIENNE.

MOI, J'AJOUTE AUSSI :

....

....

....

....

....

COUSCOUS AU potimarron

Réchauffez la semoule et le potimarron au micro-ondes, dans un plat couvert (ou à feu très doux, dans une casserole, avec 1 cuill. à soupe d'eau).

- Émincez les abricots, égouttez et rincez les pois chiches.
- Dans une poêle huilée, réchauffez la viande pendant 2 min avec les oignons, en remuant bien. Ajoutez les abricots et les pois chiches, et poursuivez la cuisson 5 min à feu doux.
- Servez la semoule surmontée du potimarron et du mélange d'agneau. Parsemez de coriandre ciselée.

Idée menu

Envie d'un dessert ?

COUPELLES DE FRUITS, CRÉMEUX COCO

Mélangez 3 yaourts à la grecque, 2 ou 3 cuill. à soupe de sucre et 3 cuill. à soupe de noix de coco râpée.

Répartissez la préparation dans des coupelles puis ajoutez 1 mangue coupée en dés en hiver, ou des fraises ou des framboises en saison. Saupoudrez de noix de coco pour décorer.

À ma façon :

....

....

....

....

....

....

....

....

GRATIN MOELLEUX DE *pâtes* AU BŒUF MIJOTÉ ET AUX POIVRONS

Pour 4 personnes
Préparation du soir 15 min
Cuisson 20 à 30 min

MES PRÉPARATIONS DE BASE À UTILISER :

béchamel p. 36
pâtes p. 22
poivrons marinés p. 26
bœuf haché mijoté p. 30

CE QU'IL ME FAUT

EN PLUS :

100 g de parmesan fraîchement râpé

10 brins de ciboulette

S'il me manque :

LA BÉCHAMEL

REMPLACEZ-LA PAR 250 G DE RICOTTA MÉLANGÉE AVEC 10 CL DE CRÈME (SANS OUBLIER DE SALER ET POIVRER).

LE BŒUF HACHÉ

REMPLACEZ-LE PAR 6 TRANCHES DE JAMBON HACHÉES.

LE PARMESAN

REMPLACEZ-LE PAR DU PECORINO OU DE L'EMMENTAL RÂPÉ.

MOI, J'AJOUTE AUSSI :

....

....

....

....

....

GRATIN MOELLEUX DE *pâtes* AU BŒUF MIJOTÉ ET AUX POIVRONS

Préchauffez le four à 180 °C. Huilez un plat à gratin. Mélangez la béchamel avec la moitié du parmesan. Ajoutez les pâtes et remuez pour bien les enrober.

- Incorporez ensuite les poivrons égouttés, le bœuf haché et la ciboulette ciselée. Répartissez la préparation dans le plat.
- Saupoudrez du parmesan restant et enfournez pour 20 à 30 min, jusqu'à ce que la sauce fasse des bulles et soit gratinée.

Idée menu

Accompagnez ce plat d'une salade verte ou de crudités.
Proposez des fruits en dessert ou la recette suivante pour un repas plus gourmand.
POMMES CRUMBLE MINUTE
Laissez revenir à température ambiante les pommes translucides, ou faites-les tiédir au micro-ondes. Parsemez-les de spéculoos émiettés et servez avec une boule de glace à la vanille.

À ma façon :

....

....

....

....

....

....

....

....

GRATIN *de polenta*

Pour 4 personnes
Préparation du soir 15 min
Cuisson 15 min

MES PRÉPARATIONS DE BASE À UTILISER :

polenta p. 22

tomates et ail confits au four p. 37

rondelles de courgettes grillées p. 24

CE QU'IL ME FAUT

EN PLUS :

100 g de parmesan râpé

3 branches de thym

2 cuill. à soupe d'huile d'olive

S'il me manque :

LA POLENTA

REMPLACEZ-LA PAR DES PÂTES OU DU QUINOA (VOIR P.20 OU P.22).

LE PARMESAN

REMPLACEZ-LE PAR DU COMTÉ OU DE L'EMMENTAL RÂPÉ.

LES TOMATES CONFITES

REMPLACEZ-LES PAR UN BOCAL DE SAUCE TOMATE.

MOI, J'AJOUTE AUSSI :

....

....

....

....

GRATIN DE *polenta*

Préchauffez le four à 200 °C. À l'aide d'une fourchette, écrasez grossièrement les tomates et les gousses d'ail directement dans un plat huilé. Retirez la peau des tomates et des gousses d'ail.

- Coupez la polenta en tranches de 1 cm d'épaisseur, puis recoupez-les en deux.
- Étalez les tomates dans le fond du plat. Recouvrez de tranches de polenta et de courgettes.
- Arrosez avec l'huile d'olive restante et saupoudrez de parmesan râpé.
- Enfournez pour 15 min, et terminez éventuellement par quelques minutes sous le gril.

Idée menu

Accompagnez ce plat d'une salade verte. Proposez des fruits frais en dessert ou de la compote de pommes, poires et cranberries (voir p.41).

À ma façon :

....

....

....

....

....

....

....

....

CHOU-FLEUR

TRÈS *gourmand*

Pour 4 personnes
Préparation du soir 15 min
Cuisson 15 à 20 min

MES PRÉPARATIONS DE BASE À UTILISER :

- fleurettes de chou-fleur rôties p. 25
- bacon croustillant p. 34
- 3 cuill. à soupe de pignons grillés p. 38

CE QU'IL ME FAUT

EN PLUS :

10 dattes

2 cuill. à soupe de thym effeuillé

1 cuill. à soupe de graine de sésame

S'il me manque :

LE CHOU-FLEUR

REMPLACEZ-LE PAR DE LA SEMOULE ET DES COURGETTES.

LE BACON

REMPLACEZ-LE PAR DES DÉS DE TOFU POUR UNE VERSION VÉGÉTARIENNE.

LES PIGNONS DE PIN

REMPLACEZ-LES PAR 2 CUILL. À SOUPE DE GRAINES DE COURGE.

MOI, J'AJOUTE :

....

....

....

....

....

CHOU-FLEUR

TRÈS *gourmand*

Préchauffez le four à 180 °C. Étalez le chou-fleur dans un plat à four et arrosez-le avec 3 cuill. à soupe d'eau.

- Dénoyautez les dattes. Coupez-les en petites rondelles.
- Taillez le bacon en petites tranches.
- Répartissez les dattes, le bacon, le thym, le sésame et les pignons sur le plat. Mélangez.
- Enfournez pour 15 à 20 min, en remuant à mi-cuisson.

Idée menu

C'est un repas léger : vous pouvez donc proposer un dessert consistant comme des gâteaux de semoule, des crèmes aux œufs ou vos pâtisseries préférées.

GÂTEAUX DE SEMOULE MINUTE

Faites frémir 50 cl de lait avec 30 g de sucre, 1 sachet de sucre vanillé et 1 cuill. à soupe d'eau de fleur d'oranger.

Ajoutez 50 g de semoule et remuez pendant 5 min à feu doux pour faire gonfler les graines.

Répartissez dans des ramequins et nappez de miel. Dégustez les gâteaux tièdes ou froids.

À ma façon :

....

....

....

....

....

....

....

....

....

....

GRATIN DE *blé* LÉGUMES ET CABÉCOUS

Pour 4 personnes
Préparation du soir 15 min
Cuisson 15 min

MES PRÉPARATIONS DE BASE À UTILISER :

- blé p. 21
- oignons p. 29
- poivrons marinés p. 26
- rondelles de courgettes grillées p. 24

CE QU'IL ME FAUT

EN PLUS :

10 brins de ciboulette

3 tiges de basilic

3 cabécous

poivre

S'il me manque :

LE BLÉ

REMPLACEZ-LE PAR DES PÂTES.

LES LÉGUMES

REMPLACEZ-LES PAR CEUX DE VOTRE CHOIX.

LES CABÉCOUS

REMPLACEZ-LES PAR D'AUTRES PALETS DE FROMAGE DE CHÈVRE OU DE VACHE AFFINÉS.

MOI, J'AJOUTE AUSSI :

....

....

....

....

....

GRATIN DE *blé* LÉGUMES ET CABÉCOUS

Préchauffez le four à 180 °C. Mélangez le blé avec les oignons, les poivrons égouttés et les herbes ciselées.

- Versez la préparation dans un plat à gratin huilé.
- Répartissez les rondelles de courgettes et les cabécous coupés en deux sur le dessus. Poivrez.
- Enfournez pour 15 à 20 min, jusqu'à ce que les cabécous aient fondu.

Idée menu

Une entrée rapide ?
SALADE DE CHAMPIGNONS
Mélangez un yaourt brassé avec ½ bouquet de persil plat et 1 petite échalote finement hachée.
Salez et poivrez puis ajoutez les champignons.

À ma façon :

....

....

....

....

....

....

....

....

AUBERGINES À *la parmesane*

Pour 4 personnes
Préparation du soir 15 min
Cuisson 20 à 30 min

MES PRÉPARATIONS DE BASE À UTILISER:

aubergines grillées p. 26

tomates et ail confits au four p. 37

CE QU'IL ME FAUT

EN PLUS :

- 100 g de parmesan râpé
- 1 boule de mozzarella
- 2 branches de thym frais
- 2 cuill. à soupe d'huile d'olive

S'il me manque :

LES TOMATES CONFITES

REMPLACEZ-LES PAR UN BOCAL DE SAUCE TOMATE.

LE PARMESAN

REMPLACEZ-LE PAR DU PECORINO, DU FROMAGE DE BREBIS OU DU COMTÉ RÂPÉ.

MOI, J'AJOUTE AUSSI :

....

....

....

....

....

AUBERGINES À *la parmesane*

Préchauffez le four à 180 °C. À l'aide d'une fourchette, écrasez grossièrement les tomates et les gousses d'ail directement dans le plat. Retirez la peau des tomates et des gousses d'ail.

- Étalez bien la tomate dans le fond du plat puis une couche d'aubergines.
- Saupoudrez de parmesan et recommencez jusqu'à épuisement des ingrédients.
- Pour finir, répartissez la mozzarella coupée en morceaux sur le dessus du plat, parsemez de thym effeuillé et arrosez d'un filet d'huile d'olive.
- Enfournez pour 20 à 30 min.

Idée menu

Envie d'un dessert ?

TIRAMISU MINUTE AUX POIRES

Mélangez 150 g de fromage blanc et 50 g de mascarpone avec 50 g de sucre et 1 sachet de sucre vanillé.

Égouttez 1 boîte de poires au sirop au-dessus d'une assiette creuse.

Trempez rapidement 12 boudoirs dans le sirop et répartissez-les au fond de coupelles individuelles.

Recouvrez de poires, nappez de crème et saupoudrez de cacao tamisé.

À ma façon :

....

....

....

....

....

....

....

....

....

Astuce

Un morceau de parmesan se conservera bien plus longtemps que le parmesan râpé, qui a tendance à moisir.
Achetez-le de préférence entier et utilisez une râpe efficace (type Microplane) pour en incorporez rapidement à vos petits plats.

NUGGETS DE *poulet* AU PARMESAN ET CHUTNEY

Pour 4 personnes
Préparation du soir 15 min
Cuisson 12 min

MES PRÉPARATIONS DE BASE À UTILISER:

fleurettes de brocolis p. 25

chutney d'oignons rouges p. 36

350 g de blancs de poulet pochés p. 33

CE QU'IL ME FAUT EN PLUS :

50 g de parmesan râpé

3 cuill. à soupe de fécule de maïs

½ cuill. à café de paprika

¼ de cuill. à café de curcuma

1 cuill. à café de thym

1 œuf

S'il me manque :

LES BROCOLIS

REMPLACEZ-LE PAR DU CHOU-FLEUR.

LE CHUTNEY D'OIGNONS

REMPLACEZ-LE PAR DU COULIS DE TOMATE ASSAISONNÉ AVEC UN PEU DE MIEL, UNE PINCÉE DE SEL ET UNE GOUTTE DE VINAIGRE.

LE POULET

REMPLACEZ-LE PAR DES BÂTONNETS DE CAROTTES POUR UNE VERSION VÉGÉTARIENNE.

MOI, J'AJOUTE :

....

....

....

....

....

NUGGETS DE *poulet* AU PARMESAN ET CHUTNEY

Préchauffez le four à 200 °C. Réchauffez les brocolis au micro-ondes, dans un plat couvert (ou à feu très doux, dans une casserole, avec 1 cuill. à soupe d'eau, en remuant délicatement).

- Laissez le chutney revenir à température ambiante. Éventuellement mixez-le afin d'obtenir une sauce plus lisse qui plaira davantage aux enfants.
- Dans un plat creux, mélangez le parmesan, la fécule, les épices et le thym.
- Fouettez l'œuf dans un bol large.
- Coupez le poulet en bâtonnets. Trempez-les successivement dans l'œuf puis dans la panure au parmesan. Disposez-les au fur et à mesure sur la plaque du four recouverte de papier cuisson.
- Enfournez pour 10 min, et terminez par 2 min sous le gril pour les colorer.
- Servez les nuggets bien chauds, accompagnés de brocolis et de chutney.

Idée menu

Envie d'un dessert ?

GLACE À L'ITALIENNE À LA FRAMBOISE

Mixez 300 g de framboises surgelées avec 2 yaourts à la grecque bien froids, 1 cuill. à soupe de crème fraîche ou de mascarpone et 2 cuill. à soupe de sucre glace. Dégustez immédiatement, ou versez la préparation dans des moules à bâtonnets glacés et placez-les au moins la veille au congélateur.

À ma façon :

....

....

....

....

....

....

....

....

Astuce

Vous pouvez également faire frire les nuggets dans une poêle avec 3 cuill. à soupe d'huile.

WRAPS DE crudités-bœuf

Pour 4 personnes
Préparation du soir 15 min

SANS CUISSON

MES PRÉPARATIONS DE BASE À UTILISER:

la moitié du bœuf haché mijoté p. 30

salade p. 24

concombre p. 24

CE QU'IL ME FAUT

EN PLUS :

- 1 bouquet de coriandre
- 2 yaourts à la grecque
- 4 tomates
- 1 petite boîte de maïs
- 1 petit oignon rouge
- 8 galettes de blé (wraps)
- sel et poivre

S'il me manque :

LES GALETTES DE BLÉ
REMPLACEZ-LES PAR DES GALETTES DE SARRASIN.

LE MAÏS
REMPLACEZ-LE PAR DES HARICOTS ROUGES.

LE BŒUF HACHÉ
REMPLACEZ-LE PAR DES FILETS DE POULET CUITS.

LA CORIANDRE
REMPLACEZ-LA PAR DE LA MENTHE.

MOI, J'AJOUTE AUSSI :

....

....

....

....

WRAPS
DE crudités-bœuf SANS CUISSON

SANS CUISSON

Ciselez la coriandre lavée. Mélangez-en la moitié avec les yaourts. Salez, poivrez. Lavez les tomates et coupez-les en petits quartiers. Dans un plat creux, mélangez le bœuf, le maïs, la coriandre restante et les tomates.

- Épluchez l'oignon et coupez-le en rondelles très fines si possible avec une mandoline.
- Pour assouplir les galettes, tiédissez-les deux par deux pendant 30 secondes au micro-ondes, entre deux assiettes.
- Étalez un peu de sauce au yaourt sur chaque galette ; déposez des feuilles de salade et 2 cuill. à soupe de préparation à la viande. Ajoutez des bâtonnets de concombres et quelques rondelles d'oignon rouge, puis roulez la galette.
- Maintenez les wraps fermés en y piquant un cure-dent (ou nouez-les avec de la ficelle de cuisine).
- Servez la sauce restante dans une coupelle.

Idée menu

Pour une version plus conviviale, déposez tous les ingrédients au centre de la table et laissez chaque convive garnir lui-même son wrap. Accompagnez ce plat régressif et rapide d'une glace servie dans un cornet !

GLACE BANANE FRAMBOISES MINUTE

Avant le repas, mixez des rondelles de bananes congelées avec des framboises congelées. Placez la préparation au congélateur, dans un contenant en plastique. Formez des boules de glace au moment du dessert.

À ma façon :

....

....

....

....

....

....

....

....

....

OMELETTE AUX champignons ULTRA-RAPIDE

Pour 4 personnes
Préparation du soir 10 min
Cuisson 6 min

MES PRÉPARATIONS DE BASE À UTILISER :

poêlée de champignons p. 28

la moitié du bacon croustillant p. 34

CE QU'IL ME FAUT

EN PLUS :

1 cuill. à café d'huile d'olive

6 œufs

5 brins de ciboulette

sel

S'il me manque :

LES CHAMPIGNONS

REMPLACEZ-LES PAR LES LÉGUMES CUITS DE VOTRE CHOIX.

LE BACON

REMPLACEZ-LE PAR DES LARDONS FRAIS, CUITS 3 MIN DANS LA POÊLE AVANT D'Y AJOUTER LES CHAMPIGNONS.

MOI, J'AJOUTE AUSSI :

....

....

....

OMELETTE AUX champignons ULTRA-RAPIDE

Faites chauffer l'huile d'olive dans une poêle antiadhésive. Faites-y revenir les champignons pendant 1 min.

- Pendant ce temps, cassez les œufs dans un plat creux.
- Taillez le bacon en lardons avec des ciseaux. Incorporez-le aux œufs, avec la ciboulette ciselée. Salez (mais peu car le bacon l'est déjà).
- Fouettez rapidement avec une fourchette et versez sur les champignons.
- Faites cuire à feu moyen pendant 5 min, jusqu'à ce que l'omelette soit prise (en posant si besoin un couvercle pour accélérer la cuisson).

Idée menu

Servez avec une salade verte.
Terminez votre repas par un plateau de fromages et des raisins frais selon la saison, des figues ou des pommes.

À ma façon :

....

....

....

....

....

....

....

....

GALETTES DE *légumes* AU FROMAGE DE BREBIS

Pour 4 personnes
Préparation du soir 15 min
Cuisson 16 min

MES PRÉPARATIONS DE BASE À UTILISER :

350 g de cubes fondants de patates douces p. 28

fleurettes de brocolis p. 25

3 cuill. à soupe de pignons de pin grillés p. 38

rondelles de courgettes grillées p. 24

CE QU'IL ME FAUT

EN PLUS :

2 œufs
3 cuill. à soupe de farine
200 g de feta
3 branches de menthe
2 cuill. à soupe d'huile d'olive

S'il me manque :

LES PATATES DOUCES

REMPLACEZ-LES
PAR DU POTIMARRON
(VOIR P.27).

LES BROCOLIS

REMPLACEZ-LES
PAR DES LÉGUMES CUITS
DE VOTRE CHOIX.

LA FETA

REMPLACEZ-LA PAR
DU FROMAGE DE CHÈVRE.

MOI, J'AJOUTE AUSSI :

....

....

....

....

GALETTES DE *légumes* AU FROMAGE DE BREBIS

Dans un plat creux, écrasez les patates douces avec une fourchette. Incorporez les œufs et la farine.

- Ajoutez la feta émiettée, les brocolis grossièrement hachés, la menthe ciselée, les courgettes et les pignons. Mélangez rapidement.
- Formez 8 palets avec vos mains.
- Faites chauffer l'huile dans une grande poêle. Faites-y dorer les palets pendant 4 min sur chaque face

Idée menu

Servez avec une salade verte.
Proposez des fruits frais en dessert,
MOUSSE GLACÉE FRAISE-BANANE
Mixez des bananes en rondelles surgelées avec 1 barquette de fraises lavées et équeutées jusqu'à obtention d'une préparation lisse et mousseuse. Ajoutez éventuellement 1 ou 2 cuill. à soupe de sucre glace.

À ma façon :

....

....

....

....

....

....

....

....

APÉRITIF *dînatoire*

Pour 4 personnes
Préparation du soir 20 min
Cuisson 15 min

MES PRÉPARATIONS DE BASE À UTILISER :

- tranches d'aubergines grillées p. 26
- pignons de pin grillés p. 38
- frites de carottes p. 29
- rondelles de saucisses grillées p. 34
- amandes épicées p. 38
- concombre p. 24

CE QU'IL ME FAUT

EN PLUS :

1 cuill. à soupe d'huile de sésame

huile d'olive

50 g de parmesan râpé

1 melon

1 cuill. à café de cumin en poudre ou 1 branche de romarin (facultatif)

MOI, J'AJOUTE AUSSI :

....

....

....

....

Apéritif dînatoire

- Coupez le melon en fins quartiers (retirez la peau pour qu'ils soient faciles à déguster).
- Coupez les saucisses en petites rondelles (vous pouvez les faire réchauffer rapidement à la poêle avec 1 cuill. à café de cumin en poudre ou 1 branche de romarin).
- Disposez tous les éléments dans de jolis contenants, sans oublier des piques apéritifs et des petites serviettes.
- Pour les cocktails… on vous laisse faire !

CAVIAR D'AUBERGINES

- Mixez les aubergines avec l'huile de sésame, puis ajoutez 1 poignée de pignons de pin grillés.

FRITES DE CAROTTES AU PARMESAN

- Préchauffez le four à 180 °C.
- Arrosez les carottes d'huile et mélangez avec les mains, pour bien les enrober.
- Passez-les dans le parmesan et rangez-les sur la plaque du four couverte de papier cuisson.
- N'hésitez pas à les recouvrir encore d'un peu de parmesan.
- Enfournez pour 15 min.

Idée menu

Vous serez plus nombreux ?
TARTE PISSALADIÈRE
Préchauffez le four à 200 °C.
Avec le dos d'une fourchette, écrasez 5 anchois à l'huile avec 1 ou 2 cuill. à soupe de leur huile. Mélangez cette pâte à la fondue d'oignons.
Étalez une pâte brisée (voir p. 38) sur la plaque du four recouverte de papier cuisson.
Recouvrez-la de préparation aux oignons.
Parsemez d'olives noires, arrosez d'un filet d'huile d'olive et décorez avec 4 anchois à l'huile. Enfournez pour 25 à 30 min.

À ma façon :

....

....

....

....

....

....

LES ANNEXES

MAINTENANT QUE VOUS CONNAISSEZ TOUT AU BATCH COOKING, VOICI QUELQUES OUTILS PRATIQUES POUR OPTIMISER ENCORE PLUS VOTRE TEMPS EN CUISINE : MENUS THÉMATIQUES, LISTES DE COURSES ET ÉTIQUETTES PERSONNALISABLES, VOUS ALLEZ DEVENIR LE ROI OU LA REINE DE L'ORGANISATION !

POUR UNE SEMAINE *petit budget*

MENU

LUNDI

OMELETTE AUX CHAMPIGNONS
ULTRA-RAPIDE P. 132

MARDI

GRATIN MOELLEUX DE PÂTES AU BŒUF
MIJOTÉ ET POIVRON P. 104

MERCREDI

AUBERGINES
À LA PARMESANE P. 120

JEUDI

QUICHE ÉPAISSE
AUX POIREAUX P. P. 68

VENDREDI

SALADE CÉSAR P. 56

LISTE *des courses*

BOUCHERIE/CHARCUTERIE

400 G DE POITRINE DE PORC
800 G DE BŒUF HACHÉ
4 CUISSES DE POULET

FRUITS & LÉGUMES

1 CAROTTE
1 OIGNON
1 TÊTE D'AIL
1 KG DE CHAMPIGNONS DE PARIS
3 POIVRONS
3 AUBERGINES
1 KG DE TOMATES
3 POIREAUX
1 SALADE
2 BOTTES DE CIBOULETTE

PRODUITS FRAIS

240 G DE PARMESAN
1 MOZZARELLA
165 G DE BEURRE
50 CL DE LAIT
250 G DE RICOTTA
15 CL DE CRÈME LIQUIDE

ÉPICERIE

11 ŒUFS
300 G DE PÂTES
310 G DE FARINE
NOIX MUSCADE
THYM - LAURIER
½ BAGUETTE

POUR UNE SEMAINE *végétarienne*

MENU

LUNDI

GALETTE DE LÉGUMES AU FROMAGE DE BREBIS P. 136

MARDI

AUBERGINES À LA PARMESANE P. 120

MERCREDI

GRATIN DE POLENTA P. 108

JEUDI

PIZZA COURGETTE, CHÈVRE ET NOIX P. 64

VENDREDI

GRATIN DE BLÉ, LÉGUMES ET CABÉCOUS 116

LISTE *des courses*

FRUITS & LÉGUMES

2 GROSSES PATATES DOUCES
2 BROCOLIS
22 PETITES COURGETTES
3 POIVRONS
3 KG DE TOMATES
10 GOUSSES D'AIL
2 OIGNONS
3 AUBERGINES
MENTHE - CIBOULETTE - BASILIC

PRODUITS FRAIS

200 G DE FETA
200 G DE PARMESAN
1 MOZZARELLA
1 BÛCHE DE CHÈVRE
1 PÂTE À PIZZA
3 CABÉCOUS

ÉPICERIE

2 ŒUFS
250 G DE POLENTA PRÉCUITE
250 G DE BLÉ
CERNEAUX DE NOIX
PIGNONS DE PIN
MIEL
THYM

POUR UNE SEMAINE
Voyage dans l'assiette

MENU

LUNDI

FILET MIGNON À L'INDIENNE ET DAHL DE LENTILLES CORAIL P. P. 88

MARDI

TOURTE POULET ET COCO P. 60

MERCREDI

WOK DE BŒUF À LA CORIANDRE ET AUX VERMICELLES DE RIZ P. 92

JEUDI

COUSCOUS AU POTIMARRON P. 100

VENDREDI

RIZ SAUTÉ À LA BALINAISE P. 96

LISTE des courses

BOUCHERIE/CHARCUTERIE

1,8 KG DE FILET MIGNON DE PORC
4 CUISSES DE POULET
800 G DE BŒUF HACHÉ
500 G DE GIGOT D'AGNEAU

FRUITS & LÉGUMES

10 OIGNONS NOUVEAUX
2 OIGNONS
3 OIGNONS ROUGES
2 KG DE CAROTTES
4 GOUSSES D'AIL
1 CAROTTE
2 BROCOLIS
1 POTIMARRON
1 CITRON

RAYON FRAIS

125 G DE BEURRE

ÉPICERIE

200 G DE LENTILLES CORAIL
500 G DE RIZ
20 CL DE CRÈME DE COCO
3 ŒUFS
250 G DE FARINE
250 G DE VERMICELLES DE RIZ
ABRICOTS SECS
1 PETITE BOÎTE DE POIS CHICHES
350 G DE SEMOULE
CARDAMOME - SAFRAN - CURCUMA
CLOU DE GIROFLE - CANNELLE
THYM - LAURIER - GINGEMBRE - CORIANDRE
GRAINES DE SÉSAME
CACAHUÈTES
SAUCE SOJA

SURGELÉS

250 G DE PETITS POIS SURGELÉS

POUR UNE SEMAINE *sans cuisson*

MENU

LUNDI

WRAPS DE CRUDITÉS
ET BŒUF P. 128

MARDI

TABOULÉ DE QUINOA P. 44

MERCREDI

TARTINES DE JAMBON CRU ET VELOUTÉ
GLACÉ DE POIVRON P. 72

JEUDI

SALADE DE LENTILLES TIÈDES P. 48

VENDREDI

SALADE DE PÂTES, COURGETTE
ET FETA P. 52

LISTE *des courses*

BOUCHERIE/CHARCUTERIE

400 G DE BŒUF HACHÉ
4 BLANCS DE POULET
8 TRANCHES DE JAMBON CRU
12 CHIPOLATAS

FRUITS & LÉGUMES

3 CONCOMBRES
1 SALADE
2 CAROTTES
3 OIGNONS
8 GOUSSES D'AIL
4 TOMATES
1 OIGNON ROUGE
1 CITRON
6 PETITES COURGETTES
300 G DE TOMATES CERISES
2 AVOCATS
3 POIVRONS
1 KG DE TOMATES
2 ÉCHALOTES
1 BOUQUET DE BASILIC
1 BOUQUET DE CORIANDRE
THYM - PERSIL - LAURIER

RAYON FRAIS

2 YAOURTS À LA GRECQUE
40 G DE PARMESAN
150 G DE FETA

ÉPICERIE

1 PETITE BOÎTE DE MAÏS
8 GALETTES DE BLÉ (WRAPS)
200 G DE QUINOA
250 G DE LENTILLES VERTES
300 G DE PÂTES
PAIN DE CAMPAGNE
150 G DE PIGNONS DE PIN

POUR UNE SEMAINE

Pour imprimer vos menus !

MENU *semaine*

LUNDI

MARDI

MERCREDI

JEUDI

VENDREDI

LISTE *des courses*

BOUCHERIE/CHARCUTERIE

POISSONNERIE

FRUITS & LÉGUMES

RAYON FRAIS

ÉPICERIE

Fait le :

FAIT LE:

FAIT LE :

Fait le :

FAIT LE:

Fait le :

Fait le :

FAIT LE :

Fait le :

Pour imprimer vos étiquettes

INDEX DES RECETTES

A

B

C

D-F

G

L-N

O

INDEX PAR INGRÉDIENT

Remerciements

Merci à ma petite famille d'être aussi curieuse et enthousiaste en cuisine. Votre amour, votre soutien et votre indulgence me sont précieux... Il n'y pas de famille parfaite (sauf sur Instagram) mais la notre me rend vraiment heureuse et fière !
Merci à mes éditrices, Émilie Franc et Alice Dauphin,
à Delphine Constantini, photographe talentueuse et toute épreuve,
travailler avec vous est un plaisir et un honneur !

TABLE DES ÉQUIVALENCES FRANCE-CANADA

POIDS

55 g	2 onces	200 g	7 onces	500 g	17 onces
100 g	3 onces	250 g	9 onces	750 g	26 onces
150 g	5 onces	300 g	10 onces	1 kg	35 onces

CES ÉQUIVALENCES PERMETTENT DE CALCULER LE POIDS À QUELQUES GRAMMES PRÈS (EN RÉALITÉ, 1 ONCE = 28 G).

CAPACITÉS

25 cl	1 tasse	75 cl	3 tasses
50 cl	2 tasses	1 l	4 tasses

POUR FACILITER LA MESURE DES CAPACITÉS, UNE TASSE ÉQUIVAUT ICI À 25 CL (EN RÉALITÉ, 1 TASSE = 8 ONCES = 23 CL).

Direction de la publication : Isabelle Jeuge-Maynart et Ghislaine Stora
Direction Éditoriale : Émilie Franc
Édition : Alice Dauphin
Couverture : Véronique Laporte-Bouchereau
Conception graphique : Aurore Elie
Mise en pages : Agnès Cappadoro & Mélanie Hurel
Fabrication : Donia Faiz

Les Éditions Larousse utilisent des papiers composés de fibres naturelles, renouvelables, recyclables et fabriquées à partir de bois issus de forêts qui adoptent un système d'aménagement durable. En outre, les Éditions Larousse attendent de leurs fournisseurs de papier qu'ils s'inscrivent dans une démarche de certification environnementale reconnue.

ISBN : 978-2-03-594517-4
Photogravure : Nord Compo
Imprimé en Espagne par Unigraf SL
Dépôt légal : août 2017
319768/01 – 11035586- juin 2017

PAPIER À BASE DE FIBRES CERTIFIÉES

LAROUSSE s'engage pour l'environnement en réduisant l'empreinte carbone de ses livres. Celle de cet exemplaire est de : 1.3 kg éq. CO_2 Rendez-vous sur www.larousse-durable.fr

Fait le :

/ /

Fait le :

FAIT LE :

/ /

FAIT LE :

/ /

FAIT LE :

Fait le :

Fait le :

/ /

Fait le :

/ /

Fait le :

Fait le :

/ /

FAIT LE :

/ /

Fait le :

FAIT LE :

/ /

FAIT LE :

Fait le :

/ /

Fait le :

/ /

Fait le :

Fait le :